SUPERHÉROES, PERSONAS ADMIRABLES Y GENTE CORRIENTE

Pequeña guía para un vivir equilibrado
y una buena salud mental

Ramiro J. Álvarez

SUPERHÉROES, PERSONAS ADMIRABLES Y GENTE CORRIENTE

Pequeña guía para un vivir equilibrado y una buena salud mental

SerendipitY

Desclée De Brouwer

Henao, 6 – 48009 Bilbao
www.edesclee.com
info@edesclee.com

Printed in Spain
ISBN: 978-84-330-3290-4
Depósito Legal: BI-1709-2024
Impresión: Grafo S. A. - Basauri

Para Paula y Ana.

Que vuestros caminos sean largos
y ricos en experiencias.

ÍNDICE

PRESENTACIÓN

Tu mente te engaña haciéndote creer que hay un mañana,
para que puedas desperdiciar tu hoy.

Es una frase de Ishin Yoshimoto, el creador de la filosofía Naikan, una actitud ante la vida que sirve de base a muchas de las ideas que se exponen en las páginas de este pequeño manual.

Y lo cierto es que cuando uno se plantea emprender un camino de desarrollo personal o cualquier proyecto que no parezca muy urgente, aunque puede que sí sea importante, es muy posible que este mensaje sobre el *mañana,* con el que la mente pretende disipar el más mínimo asomo de activación que nos pueda animar a salir de nuestra zona de confort, se convierta en el principal obstáculo para emprender el viaje.

Si a pesar de la recomendación persistimos en la idea de ponernos en marcha, nuestra mente suele recurrir a una segunda táctica que consiste en sugerirnos rutas cómodas: estrategias pasivas, mucha relajación y, en general, propuestas que nos establezcan más firmemente en nuestro confortable punto de partida evitándonos de ese modo cualquier esfuerzo o molestia.

"Ya llegará el momento", es el primer mensaje defensivo.

"Haz sólo lo que te haga sentir bien", parece ser la segunda consigna.

De manera que, o bien permanecemos inmóviles en el punto de partida, aguardando ese "mañana" que nos traerá nuevos ánimos, o nos lanzamos a la búsqueda del elixir, la visualización o la técnica que nos haga sentir bien sin que necesitemos dar un paso.

No toda la culpa es nuestra. Los medios de comunicación nos muestran continuamente modelos de héroes capaces de resolver las situaciones más peliagudas sin apenas despeinarse y pensamos que ese debe de ser el camino: dar con la poción mágica que hizo invencible al bueno de Obélix o descifrar el significado del "Shazam" que nos convierta en superhéroes.

Pero, lamentablemente, los superhéroes o bien son hijos de los dioses, o son extraterrestres o mutantes. Es decir, no existen; pertenecen a la misma categoría que los unicornios, las hadas y los elfos. Con lo que nosotros seguimos desperdiciando nuestro hoy en quimeras vacías.

Pero existen otros modelos de éxito: deportistas de élite, artistas reconocidos; pero, también –y, sobre todo– investigadores anónimos, emprendedores silenciosos y profesionales competentes. Y, a veces, nos preguntamos qué conjuro, qué poción o qué técnica les habrá permitido alcanzar el nivel de desempeño que han logrado. Y, a poco que investiguemos, veremos que los deportistas sudan su camiseta, los artistas dedican muchas horas a su trabajo, los investigadores estudian sin descanso, los emprendedores asumen riesgos y los profesionales se entregan a su tarea.

Porque los integrantes de este segundo grupo de "triunfadores" no son superhéroes; estos sí que se "despeinan" al hacer su trabajo.

Son, sencillamente, personas admirables.

Pero las personas admirables no proceden de Kriptón, no han sido picadas por una araña ni tampoco se han caído de pequeños en un caldero repleto de poción mágica.

Las personas admirables son "gente corriente" que sabe actuar de una manera distinta:

No malgastan su "hoy" en ensoñaciones sobre un mañana quimérico, sino que aprovechan el hoy para construir un mañana mejor.

Y, sí; tienen un "sistema" para llevar adelante sus proyectos; una estrategia, si se quiere, que no tiene nada de mágica y que las lleva a aventurarse por zonas no tan confortables pero que conducen a un destino deseable. Las personas admirables disponen de una brújula, un GPS, que opera en función de:

- Valores personales.
- Aceptación de las dificultades.
- Compromiso con los propósitos personales.
- Acción sistemática y continuada.

En la última sección de este manual se hace referencia a determinadas pautas saludables que pueden ayudarnos a alcanzar una última etapa vital plena de actividad y significado: mantener un propósito de vida, cuidar las relaciones familiares y sociales, cultivar buenos hábitos de descanso y actividad física y participar en la vida cultural del propio entorno. Pero todo eso no es el trabajo que tengamos que hacer cuando nos llegue ese "mañana" sino que es, nada menos, que todo el camino que tenemos que ir trazando desde hoy mismo para que ese mañana no nos pille desprevenidos.

Nunca llegaremos a ser superhéroes, pero todos podemos aspirar a vivir la vida como "gente normal, admirablemente sensata". Lo único que hay que hacer, sencillamente, es lanzarse a vivirla.

¿Cuál es el objetivo de esta pequeña guía?

La vida no hay que "curarla"; hay que vivirla. Ya no recuerdo de quién es la frase, pero la asumo plenamente.

Por su parte, Noah Hawley[1], el autor de la serie de TV *Fargo* nos propone una profunda reflexión sobre el mito de Sísifo –el mítico personaje condenado a empujar perpetuamente una piedra montaña arriba, sin llegar a alcanzar nunca la cumbre– a través de un diálogo entre dos personajes: uno de ellos se refiere a la "carga" que supone tener que afrontar continuamente los problemas que plantea la vida; el otro le responde: "Todos los seres humanos empujamos una carga. Lo llamamos "nuestra carga" pero, en realidad, es nuestro "privilegio".

Inmediatamente recordé mi encuentro, hace varios años ya, con una persona afectada de esclerosis múltiple, que me resumió su trayectoria vital con una frase: *Gracias a mi esclerosis múltiple soy la persona que soy.*

Un ejemplo real de persona admirable que ha sabido transformar su carga en su privilegio. Con razón, muchas propuestas de desarrollo personal se refieren a "la búsqueda de la semilla de lo positivo dentro de lo negativo"

Por eso, el objetivo básico que pretenden cubrir las consideraciones que se desarrollan a lo largo de estas páginas es hacer una invitación a la VIDA, HOY porque, a pesar de las posibles limitaciones personales que podamos estar experimentando en un momento dado, a pesar de las trabas y tropiezos que, indudablemente, surgirán a lo largo del camino, a pesar del desánimo que nos pueda causar el soportar, día a día, nuestra "carga", merece la pena asumir la tarea de trazar el propio camino vital ya que, a medida que lo vamos haciendo, estamos consolidando nuestro propio desarrollo

1. Noah Hawley. *Fargo*. Temporada 2, episodio 10, "Palíndromos"

personal, disfrutando, así, del "privilegio" que supone cumplir nuestra tarea vital: ser el tipo de persona que desearíamos ser; la persona admirable que ya somos en potencia.

O, por expresarlo en términos más "técnicos", el propósito de este manual es llevar a cabo una reflexión conjunta sobre algunos aspectos esenciales de lo que, habitualmente, se conoce como "desarrollo personal". Aspectos que se pueden considerar como **Básicos** y de **Sentido común** pero que suelen permanecer **Desatendidos**.

- Básicos porque constituyen el común denominador de muchos de los programas de crecimiento personal que se ofrecen como guías útiles para tal propósito.
- De sentido común porque se apoyan, fundamentalmente, en propuestas psicológicas de "tercera generación"; es decir, se trata de enfoques retomados de antiguos principios filosóficos y respaldados por investigaciones científicas que demuestran su eficacia.
- Suelen estar desatendidos porque requieren una implicación activa; es decir, se trata de propuestas concretas, que demandan la acción personal directa, no la mera pasividad a la espera de que alguna entidad, sustancia o fenómeno exterior produzca el cambio.

Las bases teóricas de esta propuesta se asientan sobre estos pilares:

- La Terapia Racional-Emotiva, de larga tradición en psicología. Es un enfoque orientado al trabajo con la característica más específicamente humana: el pensamiento. Y busca detectar, para ajustar y corregir, las ideas y esquemas mentales poco realistas que alimentan nuestros temores, nuestras dudas y que, muchas veces, nos mantienen a la defensiva de la vida en lugar de animarnos a zambullirnos plenamente en ella.

- La Terapia de Aceptación y Compromiso. Que, personalmente, prefiero denominar Terapia de Realismo y Firmeza. Se trata de un enfoque orientado, esencialmente, a desarrollar nuevos comportamientos, o librar pequeñas batallas sostenidas, para debilitar viejos hábitos de evitación o comportamientos perjudiciales en todos los ámbitos, hasta superarlos y para abrir sendas nuevas.
- El Vivir Constructivo. Es un enfoque de filosofía vital más que de técnicas psicológicas que compendia las propuestas anteriores y nos invita a la gestión de un vivir más propio, valioso y pleno.

Pero, como señalaba un viejo colega refiriéndose a la proliferación de propuestas, orientaciones y estilos de psicoterapia que no han cesado de surgir desde los años mil novecientos cincuenta, "todo está inventado y no hay nada nuevo bajo el sol". En la práctica psicológica, en efecto, creo que lo que hoy en día está más vigente que nunca, por encima de las "técnicas" más novedosas, es la vieja propuesta de Carl Rogers, el iniciador del enfoque humanista y de la psicoterapia centrada en la persona, para fomentar el desarrollo personal: Aceptación incondicional, empatía y autenticidad.

Y eso intento trasladar a esta "Guía":

- Aceptación incondicional de todo tipo de problemática por cuanto las ideas que aquí se apuntan se pueden aplicar a cualquier cuestión vital sin contraindicaciones ni efectos secundarios.
- Empatía, esforzándome en adoptar el punto de vista de los usuarios de este manual. Las dudas y reticencias, los temores, traspiés y fracasos, pero también los avances, éxitos y progresos en el desarrollo personal que pueda experimentar cualquier lector no serán muy distintos a las propias dudas,

fracasos y avances que yo mismo haya experimentado en mi propio camino.

- Autenticidad en el sentido de que cuanto aquí se expone no es un mero "corta y pega" a partir de las fuentes de referencia indicadas sino el resultado de la incorporación a mi propio vivir de los principios básicos de todas ellas, asimilados a través del estudio y, sobre todo, de la práctica tanto en la terapia como en la vida cotidiana.

Te deseo, de corazón, un feliz camino.

1

EN MARCHA

La vida como camino es una metáfora interesante: el camino que todos hemos de recorrer. Cada uno de nosotros accede al enigma de su propia vida y a cada uno nos corresponde avanzar a lo largo de ella y con ella. Pero para llevar a cabo esta travesía no hay rutas claramente marcadas; como decía el poeta, *"se hace camino al andar"*. Y, por similares que puedan parecer algunos recorridos próximos, lo cierto es que no se pueden encontrar dos caminos idénticos.

Pero tampoco hacemos el camino en solitario.

En primer lugar, en el punto de partida ya se nos entrega un interesante potencial genético atesorado a lo largo de generaciones. Somos depositarios de un capital hereditario que conserva los vestigios de quienes nos precedieron: un potencial latente de habilidades y posibilidades, pero también de restricciones y cautelas.

Pero ese potencial no nos asegura un éxito futuro como tampoco nos condena a un inevitable fracaso personal. No por contar con "genios" en nuestro árbol genealógico se nos va a conceder que nosotros seamos especiales, ni porque hayamos tenido como antepasado a un salteador de caminos vamos a terminar siendo delincuentes.

Las posibilidades que nos puede brindar nuestra carga genética es sólo una especie de "apertura" del juego; la posición de nuestras piezas al comenzar la partida. Como en el ajedrez, el transcurso de la partida, así como su resolución –el tipo de persona que llegaremos a ser– va a depender de una dinámica continua entre *"Fortuna"* y *"Virtud"*, por utilizar las palabras de Maquiavelo o, en términos más coloquiales, entre las propuestas que nos plantea la vida y las decisiones que nosotros llevamos a cabo frente a esas propuestas.

Propuestas y *decisiones*; no son dos palabras elegidas al azar. Lo cierto es que he necesitado pensármelo un rato antes de seleccionarlas ya que la primera idea que se me vino a la cabeza al considerar el tema de la relación entre vida y viviente fue la de "desafío y respuesta". Pero la vida no es exactamente un desafío, o no deberíamos considerarla como tal sino, más bien, una obra por hacer; un camino que vamos trazando, un recorrido en el que nos vamos "haciendo" en cada paso, en cada elección, en cada logro –y en cada contratiempo, en cada fracaso–.

Ciertamente son muchas las propuestas de vida que, en diferentes formas, nos encontramos a lo largo del camino: "señales" o acontecimientos que pueden marcar el inicio o el final de un período vital (el comienzo de unos estudios, la obtención de una cualificación profesional, una situación de desempleo, el nacimiento de un hijo, el adiós a un ser querido...) así como "encrucijadas" o puntos del camino donde es posible elegir una ruta alternativa que se abra hacia horizontes distintos de los que nos mostraba el camino seguido hasta ese momento (la posibilidad de cambiar de empleo o de lugar de residencia, de iniciar nuevos estudios, de plantearse una separación, etc.) y, naturalmente, también se producen "encuentros" con personas que han podido tener una importancia significativa en nuestra vida (algún familiar cercano, un profesor, un amigo, una relación o, simplemente, un encuentro fortuito...).

Todo ese conglomerado de herencia, circunstancias, acontecimientos, encuentros, dificultades y potencialidades, que se nos van presentando a medida que nos internamos en nuestro camino vital forma la materia prima que contiene todo aquello con lo que contamos para llevar adelante nuestra obra.

Las cosas, en este momento, están como están; es nuestro turno y nosotros tomamos una u otra decisión: movemos pieza en alguna de las direcciones posibles.

Y la vida nos responde: tras nuestra jugada, las cosas han cambiado; la configuración del tablero es, ahora, distinta.

Y nos toca mover pieza de nuevo.

Y con cada movimiento vamos determinando el trazado de nuestro camino. Consideramos lo que la vida nos va ofreciendo y tomamos una decisión –incluso, a veces, decidimos dejar que sean otros quienes decidan–, una decisión que tiene un efecto sobre nuestras circunstancias y nos devuelve a la partida. De este modo, vamos abriendo nuestro camino, establecemos nuestro estilo de vivir y, al mismo tiempo, definimos cómo nos consideramos a nosotros mismos, el tipo de persona que, en cada momento, decidimos ser.

El germen de nuestra manera de ser, de nuestra "personalidad" y de nuestro carácter nos viene dado, a lo largo de la infancia, a través de una especie de "genética psicológica" que es el embrión de la visión que vamos a desarrollar sobre el mundo y sobre nosotros mismos.

Los niños asimilan cuanto les dicen sus cuidadores como si fueran verdades absolutas y, a menudo, los mensajes que reciben los más pequeños tienen un carácter definitorio sobre lo que se espera de ellos; a veces, las expectativas familiares encaminan a los chiquillos hacia las tradiciones familiares: médicos, abogados, ingenieros u otras ocupaciones suelen ser roles profesionales que muchas familias conservan y pasan a lo largo de generaciones. Los mensajes que se transmiten en las familias pueden ser estimulantes, motivadores, verdaderas inyecciones de autoestima: *Tú podrás llegar a ser...*; pero, también, pueden tener la forma de sentencias limitadoras, devaluadoras, pesadas losas que anulan cualquier ilusión infantil: *Tú nunca llegarás a...*

Pero en la socialización de los niños intervienen otros muchos agentes al margen de la familia. No sólo las personas con las que se relacionan, como profesores o amigos, sino también muchos elementos culturales de acción más difusa: los cuentos infantiles, las películas, los medios de comunicación, los videojuegos, las redes sociales.

Poco a poco, en función de sus experiencias personales y de sus interacciones con el entorno familiar y social, los niños van aprendiendo a considerar la vida bien como un terreno hostil, o como un país maravilloso aguardando a ser explorado; ven a los demás como competidores, o como aliados y empiezan a considerarse a sí mismos como capaces, o como incapaces a la hora de labrarse un camino en la vida.

Y con todo ese equipaje de primeras experiencias, de consejos y de prejuicios en la mochila, los seres humanos empezamos nuestra andadura por el camino de la vida, en busca de nuevas experiencias y aprendizajes, de descubrimientos y desengaños. Y, a cada paso, la vida nos cuestiona sobre la dirección en la que queremos encaminar el paso siguiente.

A veces, alguien nos ayuda en nuestra aventura: un profesor que nos encamina hacia un campo de intereses que nos gustaría que entraran a formar parte de nuestra vida, el logro de algún profesional al que nos sentimos impulsados a imitar, la "manera de ser" de alguien que nos parece admirable...

Encontramos apoyos y buscamos modelos en nuestra trayectoria vital.

Pero también arrastramos lastres culturales en forma de estereotipos o creencias comunes que nos entorpecen más que nos ayudan.

Es el caso de los **Superhéroes**:

Muchos cuentos infantiles considerados clásicos están poblados de seres fantásticos, princesas encantadas, brujas malévolas, dragones alados, príncipes azules, anillos mágicos, elfos, trolls, ogros. Por su parte, muchos videojuegos[1] desarrollan argumentos cautivadores, con personajes fantásticos, ofreciendo así una fuerte experiencia emocional a los jugadores: héroes que se enfrentan a amenazas galácticas o que sobreviven en mundos apocalípticos y también "matadragones", como en los cuentos infantiles.

El problema que pueden entrañar estos productos de consumo no es sólo que su impacto emocional los convierta en elementos altamente adictivos sino que, además, transmiten la idea de la pervivencia del superhéroe y/o de objetos con poderes extraordinarios y, al mismo tiempo, fomentan la pasividad de los receptores del argumento de la historia o del videojuego que se convierten en una especie de "creyentes" o, en el mejor de los casos, meros espectadores a la espera del "salvador" que restablezca el orden natural de las cosas.

En resumen, los videojuegos de guerra inoculan creencias y actitudes de pasividad al tiempo que establecen una brecha insalvable entre el superhéroe y la masa de consumidores de este tipo de entretenimientos que son la "gente corriente".

Por lo tanto, las historias de príncipes y dragones no son tan inocuas como se nos ha hecho creer. El riesgo de la inoculación de

1. Debemos establecer una diferenciación entre los videojuegos "de guerra" a los que aquí nos referimos específicamente, enfocados a la acción, desarrollando una narrativa de conflicto, y los videojuegos "terapéuticos" en los que no intervienen superhéroes, sino que el propio jugador es el protagonista a la hora de enfrentarse a sus propias necesidades individuales de carácter físico o emocional y que buscan promover la salud y el bienestar de los usuarios.

este tipo de expectativas fantásticas en la mente de los niños –y los no tan niños– es que se los expone a un tipo de idealismo ilusorio, irreal, personificado en personajes inexistentes y, al mismo tiempo, se alienta una actitud de victimismo pasivo: cuando las cosas pinten mal, aparecerá el héroe salvador que nos liberará del caos; el príncipe azul liberará a la princesa de su encierro en la torre de marfil, un caballero de brillante armadura acabará con el dragón que se cobra su tributo anual de doncellas o, por poner ejemplos más actuales, Dovankiin será capaz de detener al dragón Alduin y el comandante Shepard neutralizará la amenaza galáctica de "Los Segadores".

No, los superhéroes no son un buen referente para orientar nuestro camino de desarrollo personal porque lo cierto es que los superhéroes sólo existen en la ficción. Sus leyendas se han utilizado desde siempre como argumentos subliminales para mantener a la gente dócil y sometida: que los campesinos sigan trabajando las tierras del señor, el único que podrá salvarlos en caso de que aparezca el dragón; que las damas disipen sus ansias de emancipación haciendo bordados en sus torres de marfil hasta que venga a rescatarlas el caballero ideal, y que unos y otras permanezcan sumisos, aguardando todos ellos la llegada del salvador que, curiosamente, suele coincidir con la figura de la misma persona que los mantiene sometidos.

Afortunadamente, cuando uno decide renunciar a la magia de lo fantástico y busca sus referentes vitales en figuras más reales que le puedan servir de orientación en el trazado del propio camino vital, puede encontrarse con las **Personas admirables**.

Las **Personas admirables**, al contrario de los héroes, son reales; existen y, a veces, hasta nos podemos cruzar con ellas por la calle.

No me refiero exactamente a las "superstars", que todavía son una especie de centauros, híbridos entre lo humano y lo mágico; un "personaje", más que una persona, y surgen de una mezcla de su propio talento, del marketing que las rodea y de la adoración de sus admiradores. Los "superventas" de vigencia efímera, los artistas populares o los "influencers" que operan en las redes sociales son, sin duda, todas ellas personas "admiradas", tienen su mérito, son figuras conocidas, tienen muchos fans y seguidores, pero no por eso han de ser, necesariamente, dignas de admiración en el sentido de servir como referentes modélicos para el trazado de un camino vital valioso.

Las personas admirables no son sólo "imagen", aunque algunas también se presten a hacer anuncios publicitarios; sobre todo, son personas reales que destacan en alguna actividad gracias a su esfuerzo y dedicación.

Pueden ser deportistas, artistas en cualquier faceta, científicos, inventores, astronautas, empresarios, políticos, pero también bomberos, policías, socorristas o, simplemente, padres y madres de familia.

En el camino de la vida, algunas personas admirables puede que partan con una cierta ventaja respecto a la gente "normal". Tal vez tengan la suerte de poseer algún tipo de talento innato, como una condición física especial o un elevado nivel de inteligencia. O, tal vez, puede que la ventaja se refiera a una confluencia de las características físicas y las condiciones sociales que les ha tocado en suerte disfrutar.

Deportistas, como los tenistas Rafa Nadal o Carlos Alcaraz, o Novak Djokovic, el golfista Tiger Woods o nadadores como Caeleb Dressel, pero también artistas como el tenor Luciano Pavarotti, o el pintor Antonio López, pueden ser ejemplos actuales de lo que aquí se considera como "personas admirables". Todas estas personas tienen un talento natural para destacar en su respectiva especialidad, pero lo admirable de todas ellas no es su indudable ventaja de partida, genética o sociofamiliar, sino lo que son capaces de hacer con esa materia prima a base de dedicación y esfuerzo individual para obtener resultados excelentes.

Por ejemplo, el canal argentino de deportes *TyC Sports* decía lo siguiente a propósito de Caeleb Dressel, la estrella de la natación estadounidense en los Juegos Olímpicos de Tokio de 2020, con cinco medallas olímpicas y varios récords mundiales:

La clave de su éxito es su meticulosa preparación: notas diarias, entrenamiento con los mejores y uso de redes limitado.

Por su parte, Antonio López, el genial pintor hiperrealista, se refería a su método de trabajo, que le supone dedicar a cada cuadro varios años hasta conseguir plasmar su esencia en el lienzo, con estas palabras:

Una obra nunca se acaba, sino que se llega
al límite de las propias posibilidades.

Pero existe un ingrediente fundamental para la fórmula del éxito de las personas admirables que se señala manifiestamente en la explicación de los logros de Caeleb Dressel e, implícitamente, en el análisis de los ingredientes del éxito de cualquier persona admirable: el *trabajo en equipo;* el "entrenamiento con los mejores", en el caso del nadador olímpico, y la guía de maestros, colegas o precursores que también forman parte de la biografía de cualquier otro representante de este grupo "especial".

Por otro lado, creo que las personas más admirables casi siempre son *anónimas* y *colectivas.* Tal vez no dispongan de ninguna ventaja genética o social de partida, pero comparten con las personas admirables famosas la actitud de entrega, compromiso y constancia que las caracteriza.

Si tuviéramos que otorgar un premio especial, un "Oscar", a la contribución más valiosa para la sociedad en lo que llevamos de siglo XXI, posiblemente el premio iría destinado a la creación de la vacuna frente al COVID-19. Pero nos encontraríamos con el dilema de determinar a qué persona o equipo entregar el galardón, ya que las vacunas que se están utilizando son el resultado de la labor de varios científicos y equipos de investigación que han desempeñado papeles clave en el desarrollo de las diferentes líneas de trabajo para llegar a las vacunas: Trabajo con ARN mensajero, reprogramación celular, vacuna de una sola dosis, determinación de estrategias de producción y distribución de las vacunas...

Por lo tanto, ya son cuatro –como mínimo– los componentes del talismán que guarda el secreto de las "personas admirables": disposición de partida, aceptación del esfuerzo necesario, acción continuada, y trabajo en equipo. Ni superhéroes ni talismanes. Constancia, dedicación, esfuerzo, puesta a punto constante de las propias capacidades. Al final, resulta que las personas admirables lo son, sobre todo, por el buen trabajo que llevan a cabo o por servirnos de modelo de valores más que por su simple encanto personal.

Lo cual nos lleva a pensar que la inmensa mayoría de esas personas admirables no deben ser muy diferentes de lo que siempre hemos considerado **gente corriente** o, mediante una conversión lógica, que mucha gente corriente, muchas de las personas con las que nos cruzamos a diario, con las que intercambiamos saludos y a las que hasta, a veces, criticamos, se podrían considerar personas admirables.

De hecho, creo que existe una zona neutral, una especie de "tierra de nadie" entre esas dos categorías teóricas de personas. Por ejemplo, Luciano Pavarotti, dotado de una voz extraordinaria, procedía de una familia humilde; su padre era panadero (poseedor también de un buen timbre sonoro y aficionado a la música) y su madre, trabajadora en una cigarrera. Su familia pasó épocas de penuria y el propio tenor trabajó en diversos empleos antes de iniciar su carrera musical.

Su biografía, en consecuencia, parece personificar el tránsito de la "normalidad" a lo admirable.

Continuando con profesionales de la música surgidos de esa especie de tierra de nadie entre lo normal y lo admirable, el caso de Andrea Bocelli cobra un sentido especial. Sus padres, Edi y Alessandro Bocelli, eran agricultores, y Andrea vino al mundo –pese a la recomendación de aborto terapéutico de los doctores– con glaucoma congénito que degeneró en la pérdida total de visión tras un accidente deportivo sufrido por el joven Bocelli cuando contaba 12 años de edad. Con todos los desafíos derivados de su ceguera, el popular cantante, apoyado especialmente por su madre, inició una carrera musical que, finalmente, lo llevó al éxito del que ahora disfruta.

Son dos nombres que suenan, dos personajes populares, célebres, admirables, surgidos de ambientes normales y llevados a la fama por su esfuerzo, dedicación y apoyo recibidos.

Pero, si nos adentramos un paso más hacia el interior del reino de las *personas admirables*, aunque no sean "admiradas", a poco que busquemos, también daremos con un buen número de individuos más anónimos, reconocidos por sus cualidades sólo en su propio entorno profesional, social o familiar y que, sin embargo, merecerían figurar en el cuadro de honor de las personas admirables. Y, si nos internamos aún más en la categoría de la normalidad, daremos con mucha gente cuya fama nunca ha ido más allá del ámbito de los suyos pero que son capaces de dejar una huella profunda en quienes los conocen o los han conocido.

Estas personas son también, sin duda, *personas admirables*, aunque no tengan fans ni seguidores. Son dignas de toda nuestra consideración.

"Primeros pasos" es una obra de Van Gogh que se exhibe en el Museo Metropolitano de Nueva York. El cuadro representa a una familia campesina en un momento muy especial: La madre ha sacado a la niña pequeña, que está aprendiendo a dar sus primeros pasos, al huerto donde el padre estaba trabajando. El joven padre, encantado de ver caminar a su hija, deja el azadón en el suelo y se agacha con los brazos extendidos para recibir a la pequeña, animándola a la aventura del corto viaje que va desde el amparo de la madre al abrazo que él le ofrece mientras que la niña se muestra feliz e impaciente por lanzarse a la aventura –y al riesgo– de sus pasos primerizos.

En alguna conferencia he utilizado esta imagen para ilustrar la necesidad de asumir riesgos, pero, en este caso, me parece la representación ideal de lo que entiendo por *personas anónimas admirables*, los héroes sin estridencias que no aparecen en los titulares de prensa ni se dejan ver en las redes sociales.

Y, al observar esa imagen, el padre en cuclillas, con el azadón en el suelo y los brazos abiertos para recibir a su hija, se me ocurre que, en realidad, en lugar de estar cultivando la tierra, el hombre acaba de descubrir un tesoro. El tesoro que llevaba tiempo enterrado sin que ninguno de los personajes del cuadro fuera consciente de ello.

Porque la *gente normal*, lo mismo que las *personas admirables*, tiene un tesoro sin saberlo. Un diamante con varias facetas que es necesario pulir a fondo:

- Valores: Lo que da sentido a nuestras vidas, la "misión" que nos imponemos; lo que nos importa por encima de todo: nuestros objetivos más preciados, la relación con los nuestros, con la gente que nos importa, las cualidades por las que queremos definirnos, la tarea (profesional, personal, vital) que deseamos llevar a cabo, aunque no salgamos en los medios.
- Aceptación de lo que somos, de nuestras fortalezas y debilidades, de la materia prima personal con la que contamos para realizar nuestra tarea vital. Aceptación de las propias limitaciones, así como de las dificultades, tropiezos y dudas que nos vamos a encontrar a lo largo del camino. Aceptación de los fallos y errores que podamos cometer y del esfuerzo extra que tendremos que realizar para superarlos.
- Compromiso decidido con nuestros valores personales y con nuestras metas, con nuestro ideal de nosotros mismos, con cada obra –pequeña o grande– que decidimos emprender, con

el legado que queremos dejar, tanto material como de ejemplo de vida.

- Acción firme y decidida, continuada y razonable, reflejo de la persona que somos y del ideal que aspiramos a ser.

Todo eso veo en la pintura de "los primeros pasos": un padre y una madre centrados en sacar adelante a una familia con su trabajo y su afecto, una niña todo amor y esperanza; aceptación del trabajo diario y entereza frente a posibles cosechas malas; ilusión por dejarle un legado a su hija: el de la propiedad del lugar y una buena actitud vital, así como un ejemplo de trabajo diario guiado por un sentido de pertenencia y de entrega a los suyos. Un legado que, seguramente, en su día, la actual niña, entonces mujer, transmitirá a los suyos mediante su propio compromiso vital.

Es posible que la mayoría de nosotros estemos un poco escasos de buenas disposiciones de partida; puede que no seamos atletas, millonarios, ni poseedores de una inteligencia deslumbradora. Pero siempre tendremos acceso al tesoro común de las personas admirables que son la élite de la gente corriente: una guía de valores basados en la recta conciencia y orientados al bien común, la aceptación de nuestras limitaciones y recursos, el compromiso con nuestros objetivos a pesar de las dificultades y nuestra acción continuada, sostenida por el apoyo de los muchos equipos de los que, como iremos viendo, formamos parte y tenemos a nuestra disposición.

Y con todo este capital se puede llegar muy lejos.

Resumen

- Cada uno de nosotros es responsable de decidir el sentido de la propia vida (incluso podemos decidir no tomar ninguna decisión determinada).
- En nuestro camino de desarrollo partimos de dos tipos de realidades: Aquello sobre lo que no podemos decidir (la herencia genética, el entorno sociocultural en el que nacemos...) y las cosas sobre las que sí tenemos capacidad de decisión, aunque sean difíciles de cambiar (creencias, ideas, valoraciones, hábitos...).
- Cada decisión que tomamos nos plantea nuevas cuestiones sobre los pasos a seguir en adelante.
- Los primeros esquemas mentales se adquieren como resultado del proceso de socialización. Pueden ser muy rígidos, pero son revisables y modificables.
- En nuestro camino de desarrollo podemos contar con tres tipos de modelos:
- Los Superhéroes: No existen o fomentan una actitud de dependencia y pasividad. No son modelos deseables.
- Las Personas Admirables: son personas normales que han puesto en juego sus capacidades innatas junto con su esfuerzo y entrega personal para alcanzar sus metas. La fórmula de sus logros reside en la adopción de cuatro principios:
    - Afirmación de los propios valores.
    - Aceptación de los retos y dificultades.
    - Compromiso con sus metas.
    - Acción constante y decidida.
- La Gente Corriente somos la mayoría de las personas mientras no nos decidimos a tomar el mando de nuestra vida y emprender el camino de desarrollo personal.

Propuestas de acción

Piensa en los momentos más importantes de tu vida. Haz una lista de esos puntos cruciales en tu camino vital. Determina las decisiones que se tomaron en cada uno de esos momentos:

- ¿Fueron decisiones tuyas propias o de otras personas?
- ¿Podías haber tomado alguna otra decisión?
- ¿En qué argumentos se basaron esas decisiones? ¿Estaban fundamentadas en valores, en convenciones sociales, en prejuicios, en miedo...?
- En el momento actual, ¿consideras que estás tomando las decisiones que desearías tomar o estás permitiendo que sean otros los que tomen la iniciativa? (no pienses en "grandes decisiones" sino en cuestiones cotidianas: qué ropa ponerse, a dónde ir, qué comprar, dónde tomar un café...).
- Sea cual sea la respuesta a la cuestión anterior, ¿tu actitud se fundamenta en valores o en rutinas, prejuicios, etc.?
- ¿Tienes "modelos de vida"? ¿Imitas a alguien consciente o inconscientemente? ¿Tiendes a seguir las modas? ¿Te consideras una persona crítica o crédula con lo que te cuentan?
- Si tuvieras la oportunidad de convertirte en alguien a quien admiras, ¿a qué persona propondrías como modelo para tu vida? ¿Qué es lo que admiras, en concreto, de esa persona?

2

LA CAMISA DEL HOMBRE FELIZ[1]

En todas las culturas y en todos los países existe una serie de enseñanzas, recomendaciones y consejos que las viejas generaciones procuran transmitir a las generaciones que inician su camino por la vida para que las guarden en el fondo de su mochila como un recurso que les pueda ayudar en su travesía vital. En las etapas infantiles, los cuentos, como hemos visto, no sólo se utilizan como elementos distractores, sino que siempre contienen alguna intención subliminal que, a veces, conviene revisar con un cierto espíritu crítico.

"La camisa del hombre feliz" es una de esas historias que pueden llegar a producir un sano desconcierto en la mente de quien se asoma a su argumento. Se trata de un cuento escrito por León Tolstói y plantea una cuestión fundamental: la búsqueda de la felicidad.

La historia –en esta versión libre que me permito ofrecer– nos habla de un rey sumido en una tristeza permanente, tan profunda que ni los preparados de la botica ni las gracietas de su bufón conseguían

1. El cuento debería titularse "La camisa de la **persona** feliz" para no incurrir en lenguaje discriminatorio, pero hemos decidido respetar la fórmula original del autor del relato.

disipar. Atraídos por el anuncio de una suculenta recompensa para quien consiguiera ahuyentar la melancolía persistente del monarca, muchos médicos y curanderos acudían a la corte con su propuesta de remedios. Pero ninguno de ellos resultaba eficaz.

Un día, acertó a presentarse en la corte un sabio muy anciano que, tras examinar largamente al monarca, sentenció: "Lo que necesita su majestad es *'la camisa del hombre feliz'*".

Aliviados con la perspectiva de una pronta curación, los ministros de la corte se reunieron para determinar quién podría ser ese "hombre feliz" y, tras un arduo debate, llegaron a la conclusión de que la persona más feliz del reino debería ser, sin duda, la más rica por lo que, tras consultar las declaraciones de la renta de todos los ciudadanos, convocaron al más adinerado del reino para proponerle la compra de su camisa.

Pero la persona más rica confesó que, agobiada por el temor a los ladrones, los vaivenes de la bolsa y la inestabilidad de los precios, no se sentía demasiado feliz sino, más bien, bastante angustiada.

Reunidos nuevamente los ministros, pensaron que, seguramente, la persona más feliz debía de ser la más sabia por lo que, consultados todos los rectores de las universidades, se llegó a la conclusión de que la persona más sabia era un científico muy anciano que había sido galardonado con varios premios Nobel y era el autor más prolífico del reino.

Pero al entrevistarse con el sabio, este manifestó su preocupación por todo lo que no sabía aún, por lo que estaba empezando a olvidar y por la amenaza que para los científicos como él suponía la llegada de la Inteligencia Artificial. Es decir, el hombre era sabio, pero no era, tampoco, demasiado feliz. Otro candidato descartado.

Tras un nuevo consejo, los ministros consideraron que la persona más feliz del reino debería ser, sin duda, la que gozara de una mejor salud, con lo que, esta vez, convocaron al atleta más galardonado, titular de numerosos récords mundiales y agraciado con una excelente forma física.

Pero, de nuevo, el atleta explicó sus constantes sacrificios por mantener su forma física, la ansiedad que le provocaban las competiciones y sus grandes deseos de retirarse para siempre de los estadios; en una palabra, que no era demasiado feliz; por lo que también fue descartado.

Desesperados con los continuos fracasos, el consejo de ministros decidió enviar rastreadores por todos los caminos del reino, en busca de esa persona feliz que pudiera proporcionar su camisa para la cura del rey melancólico. Así, un buen día, al pasar junto a un bosque, los rastreadores oyeron que alguien estaba cantando, feliz, a pleno pulmón. Se internaron en la espesura y dieron con un leñador que, vigorosamente, estaba talando un grueso eucalipto.

Al preguntarle por qué cantaba de ese modo, el hombre contestó simplemente: "Porque me siento feliz". Y explicó: "Tengo todo cuanto deseo: aire puro, libertad, contacto con la naturaleza, soy dueño de mi tiempo, y el bosque me proporciona todo lo que necesito".

Entonces, los enviados del rey le preguntaron al leñador si estaría dispuesto a entregarles su camisa, a cambio de una suculenta recompensa, para curar la melancolía del rey.

A lo que el hombre, señalando su pecho desnudo, respondió con sorna: "Pero es que yo, no tengo camisa...".

Se podría prolongar la historia con la búsqueda de otras personas que supuestamente podrían ser "felices": la persona más alta, la más popular, la que tiene mayor número de seguidores en las redes sociales... y siempre nos encontraríamos con alguna réplica parecida: "Es cierto, aparentemente, tengo todo lo que necesitaría para ser feliz pero, en el fondo, me siento angustiado". No son las características externas ni las posesiones, ni siquiera los logros, con toda la satisfacción que puedan dar, lo que hace que una persona sea feliz;

la persona más guapa siempre estaría preocupada por su aspecto, así como por la llegada de la vejez; la más alta, se pasaría el día cotejando su altura con la de otras personas altas, y la "celebrity" de las redes, no tendría descanso comparando, una y otra vez, el número de "likes" en sus publicaciones con las de sus competidores...

El "hombre feliz" no usa camisa.

Recuerdo que, en su momento, el inesperado desenlace del cuento sorprendió a mi mente infantil, que no estaba preparada aún para grandes abstracciones, pero, al mismo tiempo, me incitó a buscar alguna explicación realista al dilema que planteaba la fantasía de Tolstói:

Si para ser feliz se necesita "la camisa del hombre feliz", y el hombre feliz no usa camisa, entonces, ¿cuál es la "camisa" del hombre feliz?

Lo mismo que la pintura de Van Gogh, "Los primeros pasos", he utilizado muchas veces el relato de Tolstói para destacar que la solución a nuestros problemas vitales no radica en camisas mágicas, en amuletos ni en fetiches.

El "hombre feliz" no usa camisa, luego; no es "la camisa" lo que aporta felicidad. Es decir, no existe el "talismán" de la felicidad. Entonces, ¿qué es lo que hace feliz al hombre sin camisa? ¿Qué esperanza le puede quedar al desesperanzado monarca del cuento?

Pues, ni más ni menos que descubrir el tesoro invisible que todos llevamos dentro, ese diamante de cuatro facetas que todos poseemos y que, al pulirlo con esmero y dedicación, puede elevarnos de la categoría de "gente normal" a la de "personas admirables". Recordemos sus componentes una vez más:

- *Valores* firmemente asentados de honestidad, congruencia, solidaridad, gratitud, cooperación, entrega, etc. como guía de nuestra conducta diaria.

- *Aceptación* de nuestras limitaciones, reconocimiento de nuestros errores y disposición para subsanarlos; aceptación de las dificultades que encontraremos en nuestro camino; aceptación de la realidad, tal como la realidad es y no como a nosotros nos gustaría que fuera.
- *Compromiso* con nuestros objetivos, con nuestros valores, con la tarea vital que decidamos llevar a cabo, con el ideal de persona que queremos llegar a ser, y con quienes dependen de nosotros.
- *Acción* concreta para materializar nuestro compromiso con nuestros objetivos y los valores que los sustentan; acción como manifestación de nuestro protagonismo vital, como "marca distintiva" de la persona que somos en cada momento.

Es un tesoro que no se descubre; se acumula poco a poco, acto a acto, paso a paso. Es una fuente de satisfacción con la vida y nos asegura el progreso desde el estadio de "gente corriente" al de "personas admirables". Es un tesoro que se va acopiando a lo largo del camino del desarrollo personal.

Un camino que es diferente para cada uno de nosotros pero que pasa por fases identificables. En su recorrido, no todos partimos del mismo punto ni, necesariamente, atravesamos las mismas etapas. A veces, en lugar de avanzar, nos estancamos o, incluso, retrocedemos algunos puestos. Pero si esto se produce, no hay que desanimarse; es algo que debemos aceptar con tranquilidad, y de lo que siempre podemos extraer alguna experiencia que nos enriquezca y nos facilite el avance hacia algún punto más avanzado de nuestro camino.

David K. Reynolds (1984), el promotor de *Constructive Living* identificaba las diferentes fases de este camino vital:

En el punto más alejado de la meta deseable se situaría la persona **Alienada**, que ha perdido el control sobre su vida. Esta persona vive distanciada de sí misma y de su realidad social; es alguien cuya existencia es un vacío absoluto; una persona perdida, caótica y desorientada. Su vida es un gran vacío y no sabe cómo llenarlo. No se relaciona con amigos ni vecinos y le importa muy poco su aspecto personal.

Evidentemente, una persona de esas características se siente mal. Pero no es capaz de relacionar su malestar emocional con el vacío de su vida y, por ese mismo motivo, no hace nada por llenarlo. No se considera alguien enfermo o deprimido. Simplemente piensa que tiene "mala suerte", que "lo suyo es cosa del destino" y, por lo tanto, considera que es inútil molestarse en intentar poner remedio a su situación.

Los valores de esta persona están apagados. Su nivel de aceptación se reduce a mera resignación. No tiene ningún compromiso con la vida, consigo misma ni con las demás personas y su nivel de acción está bajo mínimos.

Una persona en una situación tan extrema se sitúa en la frontera de lo patológico por lo que, seguramente, necesite ayuda terapéutica, farmacológica y psicológica. De todos modos, algo podría poner de su parte para empezar a asumir un cierto protagonismo en su vida: aceptar la precariedad de su situación y la necesidad de recibir ayuda; comprometerse a seguir las pautas terapéuticas que se le propongan, e iniciar una cierta actividad mínima, como ejercicio físico moderado: paseo, contacto con la naturaleza, etc., que le permita empezar a salir de su ensimismamiento.

En un nivel un poco más elevado, ya dentro de la "normalidad", aunque con matices, se encontraría la persona **Neurótica**, la que es consciente del desorden de su vida y que se siente mal, agobiada, imaginando toda la tarea que tiene por delante para organizarla. Entiende que la causa de su malestar es, precisamente el caos en el que se siente inmersa y es consciente de que debería *hacer* algo para remediarlo. Pero, en lugar de ponerse manos a la obra para empezar a experimentar algún tipo de alivio, espera a *sentirse completamente* *bien* antes de empezar a imponer algún orden en su vida. De esta manera, la situación de la "persona neurótica" se parece a la del rey infeliz que había decidido renunciar a toda iniciativa, esperando que alguien le proporcionara la camisa que lo librara de su abulia perniciosa. En este caso, la "camisa" idealizada puede ser una pastilla, un ritual, o un remedio casero. El resultado es que, al no tomar ninguna iniciativa directa sobre el problema real, no es posible obtener ningún avance concreto y, por lo tanto, no se puede experimentar ninguna mejoría de ánimo como resultado de algún logro real, con lo cual los problemas se irán amontonando y el desánimo será, cada vez, mayor.

La persona neurótica, al contrario que la alienada, está en contacto con la realidad y, en el fondo, mantiene valores personales, aunque estos están sobrepasados por su estado de desánimo. Acepta su problema de inacción, pero se compromete con una solución más cómoda que efectiva que la lleva a renunciar al elemento por el que debería empezar a salir de su estado de postración: la acción.

Y el compromiso inicial que debería asumir una persona "neurótica" sería el de llevar a cabo tareas mínimas con resultado evidente: tal vez, no algo tan desalentador como ordenar toda la casa, sino empezar sólo por un cajón de su escritorio o, quizá, más que salir a caminar una hora por el bosque, dar la vuelta a la manzana y, de paso, comprarse algo que leer para llenar el tiempo muerto en casa.

El compromiso con la realización de pequeñas acciones de las que se puedan derivar resultados tangibles, achacables a la propia actividad más que a un remedio externo, puede ser el motor de la motivación para tareas más complejas, para logros más importantes, para una mayor satisfacción con uno mismo.

Pero sobre este tema se trata más extensamente más adelante.

Se accede a la **Normalidad** cuando se comprende que un estado de ánimo satisfactorio depende muy directamente del resultado de las acciones que se llevan a cabo con una finalidad concreta, con un objetivo determinado. En ese momento, la persona empieza a experimentar los efectos de su propio protagonismo; su prioridad ya no es tanto "sentirse bien" como requisito para actuar, sino que, por lo general, antepone el "cumplir" con lo que tiene que hacer a su propio bienestar. Y, casi siempre, el bienestar se empieza a acariciar ya antes de concluir la tarea. Pero, a veces, surge el cansancio o las dudas sobre la calidad del propio trabajo y hay cierta tendencia a rendirse, a regresar a la fase anterior de neuroticismo, en busca del consuelo engañoso de un remedio externo, de la camisa de la persona feliz, para volver a sentirse en forma.

En esta fase, la persona manifiesta unos valores claros en todos los órdenes de su vida: personal, familiar, laboral, social, cultural, aunque puede que no estén lo suficientemente establecidos como para evitar períodos de duda. Por lo general, hay un compromiso razonable para alcanzar metas profesionales o vitales, así como para un adecuado desarrollo personal. Los períodos de estancamiento y retroceso no suelen ser muy duraderos y se solucionan retomando el ritmo de actividad habitual, lo que suele reactivar la motivación y la ilusión por seguir adelante.

En un nivel por encima de la "normalidad" se sitúa la persona que alcanza el estadio de **Superación**. Quienes acceden a esta fase aceptan y asumen cualquier tarea que sea necesario afrontar y se comprometen con su realización. Entienden la importancia de la acción y tienen muy claro que siempre deben anteponer el hacer al sentir; hacer lo que es necesario hacer sin esperar a sentirse bien primero. La actividad prevalece sobre el sentimiento. Suelen ser personas muy activas, responsables y confiables. En realidad, este nivel viene a constituir algo así como el primer escalón en la categoría de las "personas admirables", las que pueden servir de modelo a la "gente corriente". Se trata de gente luchadora, confiable y constante; generalmente, son empleados modelo, pero también se la puede encontrar en cualquier grupo social, desde estudiantes aplicados a sanitarios abnegados o madres y padres entregados a su familia. A veces, el centrarse en su deber inmediato les puede hacer perder de vista cosas importantes de la vida. También puede que lleguen a centrarse demasiado en objetivos excesivamente personales y, de esa manera, corren el riesgo de convertirse en luchadores solitarios con tendencia a sentirse en un plano superior a los demás.

Se inicia la fase de **Integración** cuando se adquiere conciencia de la importancia que tienen los demás a la hora de trazar la propia trayectoria vital. La persona integrada es consciente de la deuda que tiene con los demás; reconoce los modelos de vida de quienes ha tomado algunos de los valores propios, así como las ayudas de todo tipo gracias a las cuales ha alcanzado el nivel en el que ahora se encuentra: familia, profesores, amigos. Se hace consciente de la deuda que ha contraído con la vida y comprende con claridad que su papel en el conjunto social se parece al del componente de una orquesta: no es posible interpretar una sinfonía en solitario; aunque sea un solista virtuoso, necesita la presencia de toda la orquesta, del mismo modo que la orquesta no sonaría igual sin su presencia.

El sentido del "yo" empieza a transformarse en la conciencia de un "nosotros" –el equipo–, y los **Valores**, en esta fase, adquieren una dimensión solidaria, más allá del egocentrismo. Sea cual sea el propio papel en la vida –alto ejecutivo de una empresa o mero repartidor de pizzas a domicilio– se entiende y se **Acepta** como un servicio a la comunidad con la que se establece un **Compromiso** inquebrantable que da un sentido de "misión" a todas las **Acciones**.

Este es, sin duda, el nivel de las "personas admirables".

La fase más elevada de desarrollo personal corresponde a lo que podríamos llamar, en términos de Abraham Maslow (1973), **Realización**. En esta etapa, la persona ya no siente la "obligación" de tener que ordenar su "casa", de poner orden en su vida y en sus cosas para sentirse bien; más allá de un compromiso con la sociedad o del cumplimiento de una misión vital, se experimenta un sentido de *comunión* con el universo. Una persona se siente realizada cuando es consciente de que no hay diferencia entre ella y la vida: La vida está dentro de ella y, por eso, el compromiso con la vida es total. Ya no se trata de "ordenar la casa" para sentirse bien ni porque sea un objetivo que nos hayamos propuesto, ni para que los demás se sientan cómodos en ella. Hay que ordenar la casa por la dignidad de la propia casa, y por la propia dignidad; porque las cosas tienen un estado natural de ser y nuestra misión, como formas conscientes y morales de vida, es procurar esa armonía universal.

No sé si es posible alcanzar un nivel tan elevado de desarrollo personal, pero de lo que sí estoy convencido es de que merece la pena intentarlo, aunque sea a pequeña escala en nuestros microcosmos familiares, laborales, sociales, como los "guardianes" responsables de cada pequeña parcela de nuestras vidas, acogiendo y velando por las personas y las cosas que forman parte de nuestro vivir cotidiano.

Si observamos con atención las posibles etapas de este teórico camino del desarrollo personal podemos empezar a intuir el sentido del diálogo de los personajes de Noah Hawley en *Fargo*: al principio, la tarea de vivir se puede experimentar como una "carga"; los trabajos puede que nos parezcan fastidiosos, repetitivos; los problemas nos parecen insuperables, abrumadores; nos sentimos sobrepasados por la vida y tendemos a renunciar, a rendirnos. Desesperamos de que ningún superhéroe pueda acudir a salvarnos y nos obcecamos con encontrar el remedio mágico que nos libere de nuestra angustia vital. Luego, a medida que vamos aceptando nuestra realidad personal y vital, empezamos a dar pasos hacia adelante; tal vez, no muy grandes al principio, pero empezamos a mover nuestra "carga" y, así, en un momento dado, descubrimos que nuestro "privilegio" es ir trazando nuestra propia vida, que la carga ya no es tan pesada, que, en realidad, es la "materia prima" de la obra que tenemos por delante y que nos ayuda a fortalecernos; descubrimos, además, que, para llevar a cabo nuestro trabajo no nos encontramos solos, sino que estamos integrados en un gran equipo humano.

Entonces, es cuando estamos en camino.

De este modo, comprendemos que la mejora personal se desarrolla en función de dos coordenadas básicos:

- La priorización del **Hacer** sobre el **Sentir**.
- Una dimensión de **Trascendencia**; es decir, el traslado del centro de interés hacia lo que va más allá del yo: la propia tarea, los demás, la naturaleza, el universo.

Es importante tener presentes estos dos aspectos a lo largo de todas las secciones de este pequeño manual.

Resumen

Para ser felices no necesitamos nada distinto de lo que somos o de lo que ya tenemos. Está bien procurar mejorar, desarrollarse, pero el verdadero "tesoro" lo llevamos siempre con nosotros:

- Nuestros valores.
- Una actitud de aceptación.
- La firme voluntad de compromiso.
- Acción decidida y continuada hacia el logro de nuestras metas.

En el camino de desarrollo personal se pueden identificar varias fases:

- Alienación: Separación de la realidad, desorientación.
- Neuroticismo: Conciencia de la realidad inmediata, pero predominio de la búsqueda de bienestar sobre el actuar. Búsqueda de "la camisa de la persona feliz". Sensación de "carga".
- Normalidad: Conciencia de la realidad inmediata y dedicación al hacer, con ocasionales recaídas hacia el neuroticismo y la búsqueda de bienestar. Persiste la sensación de la vida como una "carga".
- Superación: Conciencia de la realidad más amplia. Predominio del hacer sobre el bienestar. Predominio del yo sobre sobre los demás. Apertura a la vivencia de "privilegio" de realizar la propia tarea vital.
- Integración: Conciencia de la realidad global. Predominio del hacer con un sentido de misión. Integración con los otros. Predominio de la conciencia de "privilegio" sobre el sentimiento de "carga".
- Realización: Integración plena con la realidad. El hacer forma parte natural de la globalidad. Comunión con los demás.
- Las coordenadas que determinan el nivel de desarrollo personal son: Dimensión sentir – hacer y dimensión yo – otros.

Propuestas de acción

- Considera en qué etapa de desarrollo personal crees que te situarías en este momento de tu vida. ¿Supone un progreso, un estancamiento o un retroceso respecto a etapas anteriores?
- Explora la variable Sentimientos – Acción a lo largo de una jornada: ¿En qué momentos estás dando prioridad a tus sentimientos sobre tus acciones (por ejemplo, aplazando tareas porque "no te sientes motivado")? ¿En qué momentos estás actuando según tus valores o tus convicciones a pesar de tus sentimientos (por ejemplo, terminar un trabajo "a pesar de que" no te sientes cómodo)? Sé lo más específico y concreto que puedas.
- Explora la variable Yo – Otros como en la propuesta anterior: ¿En qué momentos te has centrado en ti mismo (por ejemplo, hablando sobre ti mismo, tus experiencias, tus problemas, tus logros, etc. en una conversación)? ¿En qué momentos te has interesado por los demás (por ejemplo, preguntándoles por sus experiencias, sus problemas, sus logros, etc.)?
- Convertir "cargas" en "privilegios": Elige una tarea, un trabajo o una situación que te resulte desagradable: ejecutar una tarea tediosa o repugnante, atender a un cliente, vecino o un alumno especialmente "antipático" o "pesado", etc. Hazte consciente del malestar que eso te ocasiona y de tu tendencia a salir de esa situación lo antes posible. Entonces, en lugar de poner un final precipitado a esa situación, decide mantenerte en ella un poco más, por la sencilla razón de que quieres asegurarte de que el cumplimiento de esa tarea o la atención a ese asunto se merece la "garantía" de tu firma: realiza la tarea con mayor esmero, atiende a la persona con especial atención, mantente unos minutos más en la situación a pesar de tu tendencia a darla por terminada; asegúrate de que has tenido una actuación "digna de ti".
- Lleva un registro sistemático de los dos ejercicios anteriores durante un tiempo que consideres conveniente para hacer una valoración sincera de tu actual etapa de desarrollo personal.

- ¿Qué conclusiones sacas para ti mismo a la vista de los resultados? ¿Qué decisiones podrías tomar? ¿Qué aspectos crees que deberías mejorar?

3

VALORES

Los "valores" son el fundamento del tesoro que poseen las personas admirables y están en la base del proceso de desarrollo personal de todo el mundo. No son cosas tangibles sino términos abstractos que se emplean para simplificar realidades complejas. No son cosas que nos sucedan o nos invadan, sino actitudes que desarrollamos en función de nuestras experiencias, de los ejemplos recibidos, de nuestras propias reflexiones y hasta de nuestras decisiones. No dependen de nuestra herencia genética sino, más bien de cómo consideramos nuestra posición en el universo.

El cuento de "la camisa del hombre feliz" nos ofrece una pequeña muestra de los distintos valores (o contravalores) de los personajes que intervienen en la historia y del modo en que esas actitudes personales influyen en su comportamiento.

Tenemos, en primer lugar, al rey melancólico, todo un ejemplo de actitud vital condicionada por su "sentir" y su "yo" más que por su "hacer" y por su consideración de los "otros". Su actitud es el colmo de la pasividad y el egocentrismo, una postura que difícilmente podría reflejar valor alguno. No le preocupa el bienestar de su pueblo; sólo el suyo propio. Cuando tiene noticia del posible "remedio" para su estado, ni siquiera se plantea el "privilegio" de salir en su búsqueda, sino que moviliza a su ejército, sin reparar en gastos ni molestias para quienes tendrían que pasar jornadas enteras alejados de sus familias, dedicados no a la defensa del país, sino a la búsqueda de la camisa mágica. Todo un ejemplo de ausencia de valores, con el resultado lamentable de una vida lánguida y sin aliciente alguno.

Por otro lado, están los soldados enviados en misión especial. Ellos obedecen sin rechistar, a pesar de la falta de estrategia y de organización para la tarea. Tienen clara su misión: servir al país. Y entienden que colaborando en el restablecimiento de la salud del monarca están prestando el mejor servicio a su tierra y a los suyos. Y ese es su principal valor: el servicio, la entrega, la dedicación al bien común. Los soldados, guiados por su valor central, llevan a cabo su cometido, recorren caminos y conocen gentes y lugares; tienen pequeñas aventuras y experimentan fracasos, pero en el cumplimiento de su misión, sin duda, encuentran satisfacción y alicientes para seguir adelante a pesar de los escasos resultados de su búsqueda. Se me ocurre una pequeña reflexión sobre los efectos de la actividad guiada por valores: Si el propio monarca hubiera participado en la expedición de búsqueda junto con los soldados, si hubiera experimentado con ellos el privilegio de vivir encuentros y desengaños, descubrimiento de nuevos paisajes y tertulias con la gente; en una palabra, si hubiera situado su planteamiento vital menos en el "sentir" y más en el "hacer", menos en el "yo" y más en el "otro", seguramente le habría resultado más fácil disipar buena parte de la niebla que enturbiaba su ánimo.

Finalmente, tenemos al leñador descamisado. Este personaje sí que es un privilegiado: Vive en medio del bosque, en pleno contacto con la naturaleza que le proporciona sustento, y a la que él le proporciona cuidados. Seguramente, tiene también relación con sus vecinos: se preocupa de sus necesidades, les aporta leña, les compra pan; atiende a viajeros extraviados y le tiene sin cuidado el tener una bonita camisa que ponerse porque la camisa que él más valora es esa camisa inmaterial que no se compra, sino que se teje con la actitud de cada día. Aquí sí que, en la actuación de este personaje, podemos apreciar una amplia gama de valores: autenticidad, autoestima, esfuerzo, equilibrio emocional, apreciación de la belleza, responsabilidad, solidaridad...

Si dijera que "los valores son los principios o creencias fundamentales que guían y dan forma a las elecciones y acciones de las personas, que se refieren a las cualidades o ideales que una sociedad o individuo considera importantes, deseables y dignas de respeto", y que "los valores influyen en la toma de decisiones, las interacciones sociales y la forma en que las personas perciben el mundo", estaría dando una típica definición "de libro" en la que las palabras sirven más para aturdir que para aclarar.

Sí; es difícil dar un contenido concreto a los términos abstractos. En realidad, todos tenemos una idea de lo que son los valores porque, en mayor o menor medida, todo el mundo se ajusta a unas pautas de comportamiento "ético" (solidario, responsable; a menudo, amable, honrado, justo, etc.), establece unos límites que no está dispuesto a franquear y prioriza unas cosas sobre otras.

Por lo tanto, para salir del apuro de tener que dar una definición, podemos decir que los valores se refieren a los principios fundamentales que guían el comportamiento y las decisiones de las personas; es decir, constituyen el patrón que nos sirve para sopesar la bondad, deseabilidad o conveniencia de nuestras acciones, elecciones o propósitos con relación al propio bienestar, al de los demás y al beneficio de la sociedad.

La importancia de los valores se pone de manifiesto cuando nos damos cuenta de que la pérdida de contacto, el olvido o la renuncia a los principios personales lleva a que nuestra conducta pase a estar controlada por la conformidad social, los intentos de agradar o aplacar a los demás y la renuncia a las cosas que de verdad nos interesan.

Los valores tienen un carácter universal y son esenciales para la convivencia. Prácticamente todas las culturas de todos los períodos históricos han compartido determinados valores fundamentales: la honestidad, la integridad, la justicia, la solidaridad y la tolerancia. Estos principios son los pilares sobre los que se pueden construir relaciones significativas y contribuir al bienestar colectivo.

Los valores se insertan en la vida; indican direcciones, pero no son metas ni resultados. Los valores se viven, no se logran ni se alcanzan. Una meta puede estar basada en un valor determinado, pero, una vez obtenida, pierde su carácter de punto de referencia, aunque el valor subyacente continúa señalando en esa dirección. Por ejemplo, el valor de "servicio a los demás" puede servir de referente para alcanzar una meta concreta como la de desempeñar una profesión relacionada con el cuidado de la salud de las personas. Una vez alcanzada esa meta, el valor sigue vigente y se materializará tanto en cada una de las actuaciones profesionales como en posibles metas secundarias de especialización o perfeccionamiento, de actualización, docencia para los aspirantes a sanitarios, divulgación de consejos sobre cuidados y salud, etc.

Además, en el caso de tener que renunciar a una meta concreta, aún es posible elegir otra más asequible en la misma línea del valor subyacente o, incluso, un camino diferente (por ejemplo, si no se obtiene la calificación suficiente para entrar en la facultad de medicina, es posible realizar un ciclo de formación profesional como "técnico en emergencias sanitarias" o, incluso, una carrera distinta, como la de periodista, para especializarse en noticias y divulgación de temas relacionados con la salud).

Los valores no son sentimientos ni emociones. Naturalmente, la actualización de un valor determinado en una situación concreta puede producir sentimientos positivos de satisfacción, plenitud y hasta éxtasis. Pero también es posible que el organizar consciente y activamente una conducta en función de un valor determinado pueda causar ansiedad, inseguridad o, simplemente, indiferencia. La indicación que hacíamos en apartados anteriores respecto a la necesidad de sobreponer la acción al sentimiento es válida también respecto a los valores y los sentimientos: los valores deben prevalecer sobre los sentimientos. Por ejemplo, un padre o una madre pueden disfrutar de un momento de juego con sus hijos, de acuerdo con sus valores más preciados relacionados con la armonía familiar. Pero también puede ocurrir que los progenitores estén preocupados por alguna cuestión laboral o de otra índole, o que sientan que "no les apetece" jugar en ese momento con los niños y, sin embargo, en coherencia con sus valores familiares, dedican un tiempo a los pequeños a pesar de su desgana. Están aprovechando la ocasión de transformar una pequeña carga de cansancio en un privilegio familiar.

Los valores tienen altibajos. En realidad, los altibajos son nuestros; los valores permanecen inalterables. A veces, somos unos padres excelentes, a veces, somos mediocres. A veces, somos unos profesionales eficientes y, a veces, nos descuidamos en nuestro cometido. Pero los valores, en efecto, permanecen. Son como faros en el horizonte; siguen señalándonos el lugar al que debemos (al que hemos decidido) dirigirnos. A nosotros nos corresponde darnos cuenta de nuestro desvío para rectificar el rumbo hacia el destino deseado. A veces, nosotros olvidamos nuestros valores; los valores no nos abandonan a nosotros.

Los valores están en el presente y permanecen a pesar de nuestros tropiezos. La metáfora del faro que nos guía no es correcta del todo. Parece que indicaría que el faro es nuestro destino, nuestra meta; y ya hemos explicado que los valores no son metas. El valor no reside en "la camisa del hombre feliz" sino en la tarea de tejerla día a día con las actitudes de aceptación y compromiso, materializadas en las acciones de cada jornada. Los valores se desarrollan en el camino que señalan. Nunca se "alcanzan", sino que conforman un estilo de vida, una actitud personal, un modo de definirnos a nosotros mismos. Nosotros encarnamos nuestros valores. Somos los protagonistas de nuestra vida valiosa.

Se han llevado a cabo muchas clasificaciones de valores; desde la más sencilla de Viktor Frank (2015) que se refiere a tres tipos generales de valores, hasta otras clasificaciones más exhaustivas que detallan distintos valores relacionados con los diferentes aspectos de la realidad humana.

Frankl, el creador de la Logoterapia consideraba que el ser humano alcanza la auténtica felicidad cuando le da un sentido a su vida. Según su propuesta, no es que haya que buscar "el sentido" de la vida, como el rey del cuento que buscaba "la camisa" del hombre feliz, sino que cada persona tiene que "darle" su propio sentido a la vida; cada ser humano tiene que dar un sentido a su vida.

Y la tarea de dar un sentido a la propia vida, según Viktor Frankl, se podría llevar a cabo a través de tres tipos de valores esenciales:

Los valores de *creación*, es decir, lo que nosotros aportamos a la vida: nuestro trabajo, nuestras ideas y nuestras obras; en una palabra, nuestra productividad. Los valores de *experiencia*, por otro lado, se refieren a nuestra capacidad de amar, de entregarnos a los demás y de relacionarnos con otras personas, con el mundo y con la vida, de disfrutar de la naturaleza, del arte y de la cultura. Por último, los valores de *actitud* se refieren a la capacidad transformar nuestras cargas en privilegios al adoptar una actitud positiva de aceptación ante lo inevitable, ante las dificultades e infortunios de la vida y, finalmente, ante la muerte.

Una clasificación muy fácil de recordar y que ofrece una guía referencial para comprobar en cada momento nuestra ubicación respecto a nuestra posición existencial mediante tres sencillas preguntas:

- ¿Qué estoy aportando?
- ¿Cómo estoy enriqueciendo mi vida afectiva?
- ¿Cómo puedo aceptar esto que no puedo cambiar?

Por su parte, Abraham Maslow elaboró una clasificación jerárquica de las necesidades humanas organizándolas en una pirámide de cinco niveles de modo que las necesidades más elementales se situarían en la base y las más elevadas, las más abstractas, en la cima. De este modo, podemos también hacer una clasificación de valores atendiendo –en orden descendente– a esta estructura de la motivación humana de la siguiente manera:

Necesidad / Motivación	Valor asociado
Necesidades fisiológicas	Preservación de la salud: alimentación, sueño, ejercicio
Seguridad	Seguridad física y financiera, entornos estables y predecibles
Necesidades sociales	Búsqueda de amor y pertenencia. Relaciones significativas
Estima, logro y respeto	Reconocimiento y respeto, tanto de los demás como de nosotros mismos
Autorrealización	Desarrollo personal, creatividad, búsqueda del sentido de la vida, desarrollo del propio potencial y cumplimiento de las metas más elevadas

Finalmente, podemos examinar una clasificación tradicional, más amplia, de valores, agrupados en categorías:

1. Valores Morales:
   - **Éticos:** Relacionados con el concepto de lo correcto y lo incorrecto: Honestidad, integridad, responsabilidad.
   - **Cívicos:** Se refieren al comportamiento ciudadano: Justicia, equidad, respeto a las leyes.
2. Valores Sociales:
   - **Empatía:** Capacidad de ponerse en el lugar de los demás.
   - **Solidaridad:** Colaboración y apoyo mutuo
3. Valores Personales:
   - **Autenticidad:** Ser fiel a uno mismo.
   - **Autoestima:** Valorarse y respetarse a sí mismo.
4. Valores Espirituales:
   - **Trascendencia:** Búsqueda de significado y propósito más allá de lo material.
   - **Paz interior:** Equilibrio emocional y serenidad.
5. Valores Económicos:
   - **Trabajo:** Esfuerzo y dedicación en el ámbito laboral.
   - **Eficiencia:** Hacer un uso eficaz de los recursos.
6. Valores Estéticos:
   - **Belleza:** Apreciación de lo estético y de la armonía.
   - **Creatividad:** Originalidad, expresión artística.
7. Valores Familiares:
   - **Amor:** Fundamento de las relaciones familiares.
   - **Lealtad:** Compromiso y apoyo a los miembros de la familia.

El panorama, como vemos es muy amplio y, si uno es muy perfeccionista a la hora de determinar cuáles son sus valores personales, puede llegar a perderse con facilidad. La realidad es bastante más sencilla que todo este torrente de nombres, apartados y clasificaciones; todos contamos con una "guía interna", una especie de conciencia que se comunica con nosotros por medio de lo que Gendlin denominaba la "sensación sentida"; esa especie de confort o malestar corporal que compaña a nuestros actos y decisiones según sean coherentes o no con nuestros valores.

Porque, en definitiva, con los valores personales nos suele ocurrir como al personaje de Molière, "El burgués gentilhombre", que "hablaba en prosa sin saberlo": tenemos valores, grandes valores, pero puede que no seamos conscientes de ello.

Resumen

Los valores son la guía de nuestro comportamiento personal y social. Tienen un carácter universal y son esenciales para la convivencia.

- Indican la dirección en la que podemos establecer nuestras metas sucesivas a lo largo de la vida.
- No son sentimientos, aunque el desarrollar una conducta conforme a nuestros valores puede darnos un sentimiento de satisfacción personal.
- Dan sentido para aceptar el malestar o los inconvenientes derivados de una acción necesaria.
- Permanecen a pesar de los altibajos
- Se sitúan en el presente. Son el indicador de la dirección de nuestra próxima acción inmediata.
- Existen muchas clasificaciones de valores, pero la más efectiva es la propia "guía interna", nuestra coherencia personal, que nos comunica de modos sutiles cuando actuamos o no de acuerdo con lo que queremos ser.

Propuestas de acción

Ahora, tras este recorrido panorámico por el territorio de los valores, me gustaría cerrar el capítulo con una propuesta de reflexión sobre los propios valores.

Conviene tener en cuenta que los valores propios no se descubren, sino que se eligen. Es cierto que puede haber predisposición a priorizar algún tipo de decisiones sobre otras, por ejemplo, si nos adentramos en el ámbito de la elección vocacional o profesional: "¿Debería hacerme profesor o asistente social?". Pero este tipo de decisiones se refiere más a la consecución de un objetivo determinado –la obtención de una titulación profesional– que a la especificación de los valores en los que se sustenta; en este caso, la dedicación y el servicio a los demás.

En los talleres que se organizan sobre clarificación de valores se suelen proponer dos ejercicios un tanto "dramáticos": uno de ellos consiste en imaginarse asistir al propio funeral y escuchar el discurso que pronunciaría cada una de las personas significativas con las que se ha convivido. ¿Qué recuerdos nos dedicarían? ¿Qué elogios harían de nosotros? ¿Qué reproches? ¿Serían sinceros o forzados?

Este ejercicio suele proponerse en dos partes: primero, imaginar lo que real y sinceramente recordarían de nuestro paso por la vida y, tras un análisis sincero por nuestra parte del resultado visualizado, pasar a imaginar lo que nos gustaría que dijeran. De este modo, obtendríamos tanto una aproximación al modo en que hemos venido trazando nuestra trayectoria vital hasta el momento como una nueva propuesta renovada de los valores sobre los que diseñar el camino en adelante.

El otro ejercicio es más sencillo, pero busca también activar la propia reflexión para una toma de decisiones respecto a los propios valores: Imagina tu tumba cubierta con una lápida funeraria. ¿Qué epitafio te gustaría que figurara como resumen de tu trayectoria vital?

¿Qué epitafio te gustaría que figurara como resumen de tu trayectoria vital?

Aquí descansa NN. Dedicó su vida a...

Naturalmente, la continuación de la frase puede resultar muy significativa desde la consideración de lo que hemos procurado conseguir o evitar, afrontar o rehuir y, de ese modo, la propuesta puede ser clarificadora.

La propuesta que aquí hacemos tiene un carácter menos dramático, más positivo y vital:

> *Imagina que estás recorriendo, con tu mochila, el largo itinerario de tu vida. Visualiza el camino; identifica las distintas etapas que has atravesado: primera infancia, niñez, adolescencia, juventud, edad adulta, retiro... Explora en cada una de ellas los acontecimientos importantes que las hayan marcado: tal vez el inicio de algo nuevo –estudios, cambio de domicilio– un matrimonio o divorcio, la pérdida de alguien o de algo significativo para ti, las secuelas de un accidente o enfermedad, un logro importante –obtención de un título, comienzo de un trabajo–. Recuerda las personas que te has encontrado y que han dejado una marca significativa en tu vida...Tómate tu tiempo. Estás haciendo un trabajo importante en relación con tu camino vital.*
>
> *Identifica los posibles valores que, de manera consciente o inconsciente, te han servido de apoyo en cada una de las etapas (por ejemplo, "constancia" para terminar unos estudios). Cárgalos en tu mochila. Determina también los posibles valores a los que has renunciado para "no complicarte la vida" aunque podrían haberte servido de apoyo en alguna situación u oportunidad perdida (por ejemplo, la capacidad de "decisión" que te ha faltado para solicitar un trabajo de responsabilidad o montar tu propia empresa...). Mételos también en la mochila. Identifica, asimismo, los valores que hayas podido reconocer o intuir en cada una de las personas significativas de tu vida e introdúcelos igualmente en tu mochila.*
>
> *Identifica los posibles valores que, de manera consciente o inconsciente, te han servido de apoyo en cada una de las etapas (por ejemplo, "constancia" para terminar unos estudios). Cárgalos*

en tu mochila. Determina también los posibles valores a los que has renunciado para "no complicarte la vida" aunque podrían haberte servido de apoyo en alguna situación u oportunidad perdida (por ejemplo, la capacidad de "decisión" que te ha faltado para solicitar un trabajo de responsabilidad o montar tu propia empresa...). Mételos también en la mochila. Identifica, asimismo, los valores que hayas podido reconocer o intuir en cada una de las personas significativas de tu vida e introdúcelos igualmente en tu mochila.

Imagina ahora que haces un alto en el camino. Visualiza la escena con detalle: el lugar en el que te encuentras, tu mochila, el camino que tienes por delante... Te tomas un descanso antes de proseguir el viaje.

Abres tu mochila y examinas su contenido: los valores que ya posees, los que en algún momento te han servido de apoyo, los que corresponden a las personas importantes de tu vida y los que, en alguna ocasión has reconocido, pero has dejado escapar.

Considera, ahora, el camino que tienes aún por delante. ¿Con qué valores te gustaría contar para asegurarte de que tu viaje va a ser memorable? ¿Cómo responderás ante situaciones negativas, parecidas a las vividas anteriormente, en las que renunciaste a algún valor? ¿Cómo las afrontarás desde la fortaleza de los valores que ahora llevas contigo?

Asegúrate de hacer una lista de todos los valores que te parezcan más significativos. Puedes escribirla, realmente y llevarla contigo en tu cartera para echarle un vistazo de vez en cuando y asegurarte de que esos valores están contigo.

No te preocupes; los valores no pesan. En realidad, lo que hacen es dar sentido a las etapas más duras del camino.

4

METÁFORAS DE ACEPTACIÓN

Según Epicteto, el filósofo estoico en la antigua Roma imperial, la clave de la felicidad radica en saber distinguir entre lo que depende de nosotros y lo que no, de manera que podamos concentrar nuestras energías en aquello que somos capaces de controlar, y aceptar con tranquilidad lo que escapa a nuestro control. La felicidad, según Epicteto, radica en el modo en que empleamos nuestra mente y no en las circunstancias externas.

Dicho de una manera más concreta: No podemos impedir que llueva; está fuera de nuestro alcance. Pero lo que sí podemos hacer en caso de lluvia es pertrecharnos de impermeable y paraguas y salir a dar un paseo, o hacer lo que tuviéramos pensado hacer. La lluvia no tiene por qué detener el curso normal de nuestra vida; en todo caso, seríamos nosotros mismos, activando alguno de nuestros clichés mentales aprendidos –"la lluvia es un fastidio", "me voy a resfriar", "tenemos un tiempo 'horroroso'", "con un día así, es una locura salir a la calle", etc.– quienes desbarataríamos nuestros planes y abriríamos la puerta a una jornada de desgana y aburrimiento.

Pero la situación se puede complicar todavía un poco más. Si se da la circunstancia de que estamos implicados en nuestro desarrollo personal y nos han explicado la importancia de los *pensamientos* como inductores de nuestro comportamiento, podemos iniciar un combate de argumentos lógicos con nuestra propia mente:

- "¿Y por qué me digo que la lluvia es un fastidio? En realidad, es buena para el campo. Ya estoy yo, con mi egocentrismo, pensando sólo en lo que me interesa".
- "¿Qué evidencias tengo de que me voy a resfriar? Puedo salir bien abrigado y, luego, darme una ducha caliente si vuelvo mojado a casa. Todo esto que estoy pensando son excusas para no salir. Debería ser más firme conmigo mismo...".
- "¿Qué tiene de horroroso el tiempo? La lluvia es un fenómeno natural y necesario. Lo horroroso es esta lucha que tengo que mantener conmigo mismo cada vez que me surge algún inconveniente o me siento inseguro ante lo que debo o no debo hacer...".

Es posible que mientras mantenemos este debate con nosotros mismos, el tiempo mejore y, finalmente, nos animemos a salir a la calle. O puede que la propia discusión nos ayude a aclararnos con relación a lo que "deberíamos" hacer y, finalmente, tomemos una decisión al respecto. Pero lo más probable es que toda esta polémica interna nos origine un cierto sentimiento de incomodidad al constatar nuestra indecisión, nuestra inseguridad, nuestra "blandenguería" ante las situaciones incómodas, lo cual, a su vez, nos puede inducir a iniciar otro debate:

- "¿Y por qué me siento mal ahora que he decidido salir?, ¿por qué tengo que sentirme molesto, enfadado y desanimado cuando estoy haciendo lo que debería hacer?".

Aunque podemos generar pensamientos de modo consciente, la mayoría de las cosas que se nos pasan por la cabeza son pensamientos "automáticos", inconscientes, incontrolables, fruto de viejas programaciones, "recados" que llevamos en el fondo de nuestras mochilas de caminantes de la vida que, sutilmente, dirigen nuestros pasos, con frecuencia, hacia destinos que no deseamos.

Los pensamientos que tienen un formato verbal, como en los ejemplos de más arriba, pueden ser detectados si se les presta atención, pero, muchas veces, esos pensamientos automáticos no se producen de forma verbal, sino que tienen un carácter más plástico e intuitivo, como imágenes (escenas de acontecimientos pasados o proyección de posibles futuros) que surgen como fogonazos sin ningún control lógico: nuestra mente activa una instantánea en la que nos vemos empapados, chorreando; sentimos el contacto desagradable de la ropa mojada, las manos húmedas y frías, los pies mojados... ¿quién va a querer salir a la calle con un panorama semejante? Ni siquiera se nos ocurre hacer el esfuerzo de recordar la cálida sensación de nuestra ropa impermeable, el confort de nuestras botas de agua, el práctico cobijo de nuestro paraguas de fibra de carbono ni la satisfacción que sigue a nuestro paseo cotidiano para contrarrestarlo.

Nuestra mente está siempre en acción, aunque la mayor parte de las veces no seamos conscientes de ello. Es como una buena amiga, bienintencionada pero muy pesada. Quiere lo mejor para nosotros y, en muchas ocasiones se esfuerza en hacernos ver claramente la dimensión real o las consecuencias de una decisión que preferiríamos evitar (por ejemplo, nos insiste en la necesidad de hacernos el chequeo médico que desearíamos evitar porque, en el fondo, estamos pensando que "algo nos van a encontrar"); aunque otras veces, en lugar de pensar en lo que a nosotros nos conviene, ella se empeñe en darnos recados sobre lo que "los demás, "la sociedad", creen que nos conviene a nosotros o, incluso, nos da argumentos para que evitemos todo aquello que nos produce angustia o rechazo sin tener en cuenta las consecuencias.

En realidad, es como si en la mente albergáramos la sede de la "dirección ejecutiva" de una importante empresa, con su director ejecutivo, director financiero, director de operaciones y otros muchos directivos de nivel superior. Entre todos tienen que tomar decisiones sobre el rumbo de la empresa (cómo encauzar nuestra vida) y todos buscan el máximo beneficio para el negocio (es decir, para nosotros), su crecimiento y su éxito a largo plazo. Pero cada uno puede tener un punto de vista diferente según la función que tiene asignada su respectivo departamento.

Por eso mismo, lo primero que hemos de tener presente es que *nuestra mente no es nuestra enemiga sino nuestra colaboradora.* Y es necesario escuchar todos los puntos de vista de nuestros "directivos" por negativos que nos pueda parecer alguno de ellos.

Pero el "consejero", el CEO de nuestra empresa es el "Yo-Observador".

Por explicarlo en términos sencillos, el yo-observador es ese aspecto de nuestra mente que parece estar escudriñando continuamente cuanto hacemos con el propósito de ayudarnos a que tomemos siempre la decisión que mejor nos convenga. Por ejemplo, si estamos leyendo un libro, una parte de nuestra mente estará ocupada en traducir las palabras que leemos en forma de imágenes y en asociarlas con experiencias, recuerdos, vivencias o proyecciones. Pero, al mismo tiempo, hay otra parte de nuestra mente –el yo-observador– que se encarga de hacer consideraciones sobre lo que estamos haciendo, mediante comentarios del estilo de: "esto es interesante", "esta parte se parece a...", "puedes saltarte este párrafo; no parece muy importante", "estás cansado, cierra el libro y tómate un café", "esto es aburrido, pero encaja con lo que estabas buscando conocer", etc.

Finalmente, estamos nosotros mismos, los propietarios de la firma, que somos los responsables de la decisión final: podemos aceptar las sugerencias del yo observador o podemos prescindir de ellas. En todo caso, el yo-observador volverá a susurrarnos "su opinión" en nuestro oído: "has hecho bien tomando esta decisión", "deberías haber hecho lo otro"...

Pero sabemos que, en caso de conflicto de intereses entre los distintos departamentos, debemos guiarnos por la "declaración de valores" de la empresa. Así, en definitiva, la decisión final en todo debate de nuestra "dirección ejecutiva" nos corresponde tomarla a nosotros.

Por eso, en lugar de **Luchar** con nuestra mente cuando se muestra más impulsiva que razonable, en casos como el de la lluvia, debemos **Aceptar** toda la tabarra que nos está dando, ponernos el impermeable, salir a la calle, abrir el paraguas y, aún con toda esa letanía de argumentos y contraargumentos de nuestra insistente amiga y de todos los miembros de nuestra dirección ejecutiva, dedicarnos a contemplar el reflejo de los edificios en los charcos, escuchar el repiqueteo de las gotas de lluvia en la tela del paraguas, detenernos a contemplar algún escaparate, saludar a algún conocido e intercambiar algún comentario sobre el tiempo tan horroroso que tenemos, antes de preguntarle por los suyos...

Antes de que nos demos cuenta, nuestro CEO, el yo-observador, nos murmurará: *"Buen trabajo"*. Y nuestra mente programada socialmente habrá renunciado a su insistencia y estará atenta a las novedades que vayamos ofreciendo a los distintos departamentos: Las rebajas en los grandes almacenes, para el "director financiero"; las fotos que se podrían hacer de la imagen invertida de los edificios en los charcos, para el "departamento de imagen"; la barba que se está dejando el amigo al que hemos saludado, para el departamento de "relaciones públicas", etc.

Por supuesto, y en función de la "ideología" o la "misión" de la empresa, también podemos decidir quedarnos en casa, tan tranquilos, y aprovechar para terminar de leer la novela que habíamos empezado, ordenar el armario, que ya iba siendo hora, telefonear a los amigos para interesarnos por sus planes, preparar un plato exótico para ver si somos capaces... todo eso y mucho más, aunque alguna oficina siniestra de algún oscuro rincón de nuestra mente se empeñe en enviarnos mensajes de culpabilización porque "somos unos perezosos", porque "deberíamos hacer más ejercicio", porque "nos estamos dejando vencer", etc.

La clave está en **Aceptar**, tanto los mensajes cruzados de nuestra mente, como las dificultades o las complicaciones de la tarea que nos proponemos llevar a cabo en función de nuestros valores personales, nuestros intereses o nuestros gustos (y no de lo que los demás se empeñen que hagamos) de modo que esa actividad nos ayude a ir más allá del laberinto de nuestros pensamientos y sentimientos, nos ayude a **Trascendernos** a nosotros mismos.

En ese caso, nuestro **Yo-Observador** estará siempre de nuestro lado.

Pero, en definitiva, no se trata tanto de pararnos a *debatir* con nuestra mente sino de decirle a nuestra mente que, se ponga como se ponga, nosotros vamos a llevar adelante nuestro propósito principal.

En un cuadro de Edward Hopper[1] se puede ver la escena de una mujer sentada en la cama de su habitación de hotel. En el suelo están sus maletas, aún sin abrir, y sus zapatos, mientras que su ropa se ve colocada en los brazos de un sillón. Ella está consultando un libro a la luz que entra por el amplio ventanal situado a su espalda.

Mi interpretación personal, un tanto novelesca, de la escena es que la mujer, procedente de algún pequeño pueblo rural, ha decidido probar la aventura de la gran ciudad. Seguramente, su familia y amigos le habrán aconsejado que no se arriesgara a dejar la vida sencilla, rutinaria y tranquila del pueblo para internarse en los riesgos de la metrópoli. Pero ella ha preferido seguir su propio criterio. Ahora, una vez que ha experimentado la vorágine de la vida urbana, tiene un momento de duda: se ha instalado, de momento, en su habitación de hotel, pero todavía no se decide a deshacer el equipaje. Con toda

1. Edward Hopper. 1931. *Hotel Room*. Museo Thyssen-Bornemisza, Madrid.

seguridad, al comprobar la magnitud del trasiego de la capital, su mente ha activado las advertencias que le habían hecho sus padres y amigos sobre los peligros y riesgos a los que se exponía en su nueva vida urbana y, posiblemente, ella esté, ahora, consultando una guía de ferrocarriles para preparar su regreso a la placidez (¿y penuria?) de su vida anterior.

La pregunta que suelo formular cuando presento mi relato a algún grupo de personas es: "¿Cómo crees que continúa la historia? ¿La mujer del cuadro intentará comenzar una nueva vida en la gran ciudad o regresará a la seguridad de su lugar de origen?".

Y, naturalmente, como si se tratara de una especie de test proyectivo, cada cual responde en función de sus propias claves personales.

Pero todo son conjeturas, incertidumbre, hipótesis. Y, por supuesto, ninguna respuesta es "correcta" o "equivocada". Sólo son respuestas, decisiones, ante una situación determinada. Como en una partida de ajedrez: tenemos una situación concreta de salida. No importa lo que haya sucedido antes de que las cosas estuvieran como están ahora, en el presente. Lo que cuenta es el movimiento que nos toca hacer: intentar la nueva aventura o retroceder a la casilla anterior. Y cualquier movimiento que se lleve a cabo va a determinar una disposición diferente en el tablero a la que, de nuevo, será necesario responder.

Si la decisión es seguir adelante con el proyecto de una nueva vida, habrá que moverse por escenarios desconocidos, buscar un trabajo, un lugar en el que vivir, conocer a nueva gente, exponerse a fracasos, desengaños. Si se elige volver atrás, será necesario reorganizar la vida que, probablemente, no volverá a ser como antes, afrontar críticas, cargar con sentimientos de fracaso...

Y en cualquiera de las dos posibilidades entra en juego la **Aceptación**. Aceptación de riesgos desconocidos o del familiar sentimiento de hastío. Y, tanto en uno como en el otro caso, la partida de ajedrez seguirá adelante. El propio tablero que sustenta la partida muestra metafóricamente la necesidad de la aceptación: Está formado por cuadros blancos y negros de manera semejante, diríamos, a lo que ocurre en la vida real con los acontecimientos positivos y negativos. Para jugar debidamente nuestra partida necesitamos utilizar los dos tipos de casillas. No podemos jugar adecuadamente una partida moviéndonos sólo por los cuadros blancos, como tampoco en la vida podemos pretender librarnos de esfuerzos, tropiezos, retrocesos, bloqueos y pérdidas ya que todo eso forma parte del "tablero" vital y constituye el terreno de juego sobre el que nos corresponde actuar.

En todo caso, la decisión que vaya a adoptar la mujer del cuadro tiene una importancia crucial desde el momento en que podría marcar el inicio de una actitud más general de aceptación o de evitación, que afectaría a posteriores decisiones vitales.

Nos volvemos aceptantes o evitativos en función del enfoque que damos a cada una de nuestras jugadas en el ajedrez de la vida: jugamos al ataque o a la defensiva.

Es como la vieja historia de la persona que se encuentra un pequeño gatito abandonado en la calle. El animal parece tener hambre y frío de manera que esa persona se lo lleva a casa, le da leche caliente y lo abriga. El gatito se recupera, parece feliz y su salvador está encantado de tener compañía, por lo que lo sigue alimentando. Al cabo de un tiempo, el gato, que ya ha crecido, demanda pedazos de carne; luego, filetes enteros. Y su apetito es tan insaciable que su cuidador se convierte en el esclavo de las exigencias de la fiera. Entonces, la persona comprende que ha estado alimentando a un tigre y que, si quiere librarse de él, tendrá que matarlo de hambre, negándose a proporcionarle el alimento que el tigre le exige con rugidos cada vez más amenazadores. Tendrá que aceptar la angustia que le causan los rugidos pues se da cuenta de que, de seguir alimentando al tigre, éste terminará por devorarlo a él; pero antes de debilitarlo, será necesario aceptar sus rugidos de protesta.

El tigre, por supuesto, es nuestro miedo, nuestra ansiedad, nuestras obsesiones, nuestra dejadez; lo que hemos estado alimentando con cada una de nuestras renuncias. Y cada vez que renunciamos a algo para acallar nuestra angustia, le estamos cediendo a la fiera algún terreno de nuestra propia vida que, cada vez, se verá más constreñida hasta que sólo nos quede una vida de renuncias por miedo, por ansiedad, por desidia.

Por eso, la mujer del cuadro, "ahora", tiene que decidir –junto con toda su "dirección ejecutiva" y su CEO observador– si va a alimentar su actitud de aceptación o la de evitación ante la perspectiva de una nueva vida.

Y nosotros, ¿qué es lo que estamos alimentando?

Resumen

- Algunas cosas dependen de nosotros y otras, no. Debemos esforzarnos en cambiar lo que sí podemos cambiar y aceptar lo que no podemos controlar.
- Nuestra mente tiende a ser sobreprotectora y, con frecuencia, nos envía mensajes que exageran los peligros y las consecuencias negativas de nuestras acciones.
- Debemos escuchar todos los mensajes de nuestra mente y utilizar nuestra objetividad (el Yo-Observador) para valorarlos correctamente y actuar en consecuencia.
- Frente a lo que no depende de nosotros, podemos establecer nuestro margen de maniobra –por reducido que sea; aunque se limite sólo a la aceptación– y actuar según nuestras convicciones y valores.
- Cuando nos atrevemos a tomar una iniciativa pese a las dificultades, fortalecemos nuestro espíritu emprendedor. Cada vez que renunciamos a un proyecto por nuestros temores exagerados, cedemos el control de nuestra vida a nuestros propios miedos.
- Vivir se parece a una partida de ajedrez: cada movimiento determina el inicio de la nueva jugada. Todas las casillas del tablero tienen el mismo valor para la partida; tanto las blancas como las negras: las buenas experiencias y las desagradables.

Propuestas de acción

Fortalecer el yo-observador

El Yo-observador es un concepto que se utiliza en diversas propuestas psicológicas como la psicología humanista, mindfulness y psicología cognitiva, psicología existencial y psicología transpersonal, para referirse a la capacidad que tenemos de distanciarnos de nuestras propias experiencias para observar objetivamente nuestros pensamientos, emociones y acciones. Este aspecto de la conciencia implica una especie de perspectiva imparcial, como si fuéramos observadores neutrales de nosotros mismos.

Un buen campo de entrenamiento para la detección de nuestros diálogos internos puede ser la actividad de ir de compras ya que nos permite examinar el trabajo del yo-observador mientras tienen lugar todos los intercambios de mensajes entre los distintos departamentos de nuestra "empresa": el departamento de imagen personal (*¿me sienta bien este vestido? ¿Me favorece este color?...)*, el departamento financiero (*¿me puedo gastar todo este dinero? ¿Por qué no esperar a las rebajas?...*), el de planificación (*puedo comprar ahora este jersey y aguardar a las rebajas para buscar unos zapatos que combinen*), etc., pero cualquier situación en la que haya que tomar algún tipo de decisión puede ser muy útil para la autoobservación.

Desarrollar una postura de yo-observador nos puede ayudar a comprendernos mejor a nosotros mismos, a gestionar nuestras emociones y a tomar mejores decisiones al adoptar una postura reflexiva y crítica sobre nuestras propias experiencias, lo que puede ser beneficioso en procesos terapéuticos y de autodescubrimiento. Para ello podemos ejercitarnos siguiendo algunas recomendaciones:

- *Afinar nuestra receptividad hacia las emociones: identificarlas y etiquetarlas*. Es un paso previo al propio ejercicio de fortalecimiento del Yo-Observador. Las emociones son la manifestación sensible de nuestros contenidos mentales. Pero no siempre conseguimos captarlas ya sea porque no les prestamos atención o porque constituyen nuestro tono afectivo habitual. Es importante que desarrollemos el hábito de preguntarnos con frecuencia: *¿Qué estoy sintiendo en este momento?*

Si no estamos familiarizados con nuestras propias emociones, es posible que nos cueste identificar lo que sentimos. Por eso es conveniente conocer el nombre de las sensaciones más frecuentes para determinar si pueden ser la etiqueta adecuada a nuestro estado de ánimo en ese momento: *alegría, sorpresa, tristeza, enfado, miedo, angustia, asco, vergüenza, humillación o rechazo.* Y, por supuesto, cualquier sinónimo de estas denominaciones.

Entonces, podemos aprovechar cualquier situación en la nos sintamos "mal" o, sencillamente, cualquier momento en el que queramos hacer un ejercicio de introspección, para preguntarnos:

- *¿Qué es lo que estoy sintiendo en este momento?: ¿Estoy sintiendo angustia?, ¿tristeza?, ¿vergüenza?, ¿rechazo?...* Este es el verdadero punto de partida del ejercicio, pero, por lo general, la respuesta que se puede intuir suele ser confusa o demasiado "intelectual". Por eso es necesario profundizar más en los estratos emocionales, por lo que tendremos que avanzar un paso más.
- *Profundizar: ¿Es sólo* (la emoción etiquetada: *tristeza, vergüenza...) lo que estoy sintiendo o hay alguna otra cosa, por debajo de esta respuesta, que me esté haciendo sentir (triste, avergonzado?, etc.*

  Seguimos preguntándonos hasta asegurarnos de haber llegado a la raíz del problema. El yo-observador nos enviará una señal, una sensación de alivio más amplia por haber dado con la causa de nuestra emoción. Es lo que Gendlin denomina "sensación sentida", que señala el inicio de un camino adecuado de introspección.
- *Determinar el origen de la emoción: pensamientos subyacentes.* A continuación, buscamos la fuente de esa emoción que estamos sintiendo. Nos hacemos preguntas como: *¿Qué me estoy diciendo, ¿qué estoy recordando?, ¿qué estoy imaginando, que me hace sentir miedo, vergüenza, enfado...?, ¿a qué otras situaciones o experiencias anteriores se parece esto?*

  Y dejamos que el yo-observador busque la respuesta.

Entonces, pasamos a la siguiente etapa:

- *Decisiones.* En la última parte del proceso, nos formulamos preguntas sobre las decisiones a tomar:

  ¿Qué puedo hacer?, ¿qué opciones tengo?, ¿qué tengo que aceptar?, ¿la alternativa que estoy considerando se corresponde con mis valores personales?, ¿cuál es el primer paso que debería dar?, ¿cómo me hace sentir eso?, ¿cómo lo puedo aceptar?...

  Esperamos las respuestas y, tratamos de entrar en contacto con la sensación que acompaña a cada una de ellas para decidir la opción definitiva.

Conviene que tengamos en cuenta que no existen respuestas "correctas" o "equivocadas" en términos absolutos; todas las respuestas son subjetivas. Si el día está lluvioso, tanto la decisión de salir como la de quedarnos en casa pueden ser correctas (¡a menos que se trate de un temporal huracanado!). La piedra de toque de la bondad o el error de nuestra decisión está en la congruencia o incongruencias que esta tenga respecto a nuestros propósitos y valores.

Veamos un ejemplo sencillo:

Está lloviendo. Silvia contempla desde su ventana el panorama gris que ofrece el día. Se siente "mal".

A) Identificación: Se pregunta: ¿Qué estoy sintiendo en este momento? La respuesta que le surge al cabo de un momento es: "decepción" (un sinónimo de tristeza o pérdida).

B) Profundización: Se vuelve a preguntar: ¿Es, realmente, "decepción" esto que estoy sintiendo?

   Continúa mirando por la ventana mientras procura mantener un contacto profundo con su emoción. Al poco tiempo, se le ocurre una respuesta:

   – En realidad, es algo que se parece más a "soledad" (un matiz diferente de tristeza o pérdida).

Y continúa indagando a partir de este nuevo sentimiento:

– ¿Es soledad? (permanece unos minutos en contacto con esa nueva sensación).

No le surge ninguna respuesta nueva, por lo que sigue preguntándose:

C) ¿Qué me estoy diciendo que me produce este sentimiento de soledad?

Le viene el recuerdo de su reciente discusión con su pareja; recuerda fragmentos de la escena, reproches que se cruzaron... Compara todas esas imágenes con las sensaciones corporales de su soledad para asegurarse de la relación entre ambas vivencias. Luego continúa:

D) Decisiones: ¿Qué puedo hacer?, ¿qué opciones tengo?

Inmediatamente, le surge la respuesta de: Llamarlo... Pero esa solución viene acompañada de un sentimiento nuevo, por lo que Silvia inicia un nuevo ciclo de introspección y, esta vez, al pensar en una posible llamada, Silvia entra en contacto con su enfado.

Piensa que ha sido tratada injustamente (recuerda los reproches de su pareja y recuerda las frases que más le han dolido). Finalmente, llega a una nueva fase de decisiones y concluye que lo mejor que puede hacer es plantearse una suspensión en su relación. Se ha sentido injustamente herida y siente que no está dispuesta a seguir adelante con una persona así).

Ante esta perspectiva, siente una especie de "apertura" interna, como un alivio de su tensión emocional

Finalmente, Silvia decide seguir adelante con su vida diaria. Piensa en las tareas que tiene que cumplir, se prepara para salir bajo la lluvia y comienza con su rutina habitual, aceptando su nueva sensación, mezcla de resentimiento y alivio que no le impide llevar adelante sus deberes cotidianos.

Silvia ha movido pieza en su "partida de ajedrez vital" y las cosas han cambiado en algún sentido: ella ha dado un paso para fortalecer su independencia y ha desarrollado una actitud de **Aceptación** (de su nostalgia, de su enfado y de las posibles consecuencias de su decisión). Tal vez su pareja dé el primer paso para una reconciliación, o tal vez este sea este el momento de la ruptura definitiva. En todo caso, habrá otras jugadas y Silvia, cada vez, moverá su propia pieza, la que ella decida, de acuerdo con su "dirección ejecutiva" y su Yo-Observador.

5

LIMPIANDO LAS GAFAS

Winston Churchill, el célebre primer ministro británico durante las épocas más duras de la historia europea, pronunció en cierta ocasión la siguiente frase: *"He tenido muchos problemas en mi vida, la mayoría de los cuales nunca llegaron a ocurrir"*.

En efecto, en general, tenemos tendencia a anticipar el peor resultado posible para nuestras iniciativas, proyectos y preocupaciones: no vamos a conseguir el trabajo al que aspiramos, nos van a suspender en el examen que estamos a punto de pasar, nuestra petición no va a ser atendida, el lunar que acabamos de detectar en algún punto de nuestra anatomía va a ser el inicio de un melanoma, nuestra pareja terminará abandonándonos... La lista puede ser interminable y abarcar todos los aspectos de nuestra vida, nuestros proyectos y nuestros afanes.

Son los rugidos del tigre de nuestra propia inseguridad, de nuestro miedo al fracaso: *Eres un fracaso. No sirves para nada. Te va a dar un infarto. Nadie te quiere. Voy a hacer que te ocurra una desgracia...* Unos rugidos que suelen tener un efecto paralizador que, al final, hasta llega a convertirse en la profecía autocumplida; de modo que nos ponemos nerviosos en la entrevista de selección de personal, y no la pasamos; nos equivocamos en el examen, y suspendemos; y hasta puede que nuestra pareja nos abandone a causa de nuestro derrotismo persistente.

A todos nos han educado para asimilar una serie de "presets", de ajustes preestablecidos y fijos a la hora de enfocar las distintas situaciones de nuestra vida cotidiana; una especie de lentes correctoras o, más bien, distorsionadoras de la realidad a la que nos enfrentamos en cada momento.

Son mensajes que se nos transmiten desde la infancia más temprana con la finalidad de protegernos de accidentes y peligros (*¡No metas los dedos en el enchufe!*, *¡no toques la olla que está al fuego!*) o para conseguir que desarrollemos pautas adecuadas de comportamiento social (*¿Qué se dice cuando te dan un regalo? ¿Cómo se saluda cuando vas a casa de alguien?*) y, en ese sentido están muy bien; son perfectos, nos ayudan mantenernos ilesos y a desarrollar una adecuada socialización, todo lo cual nos será muy útil a lo largo de la vida.

Pero, otras veces, lo que se nos transmite, de manera intencional o por ósmosis social, son las creencias injustificadas, los mitos y las supersticiones de la generación precedente o de la comunidad en la que nos ha tocado vivir, o incluso, los usos y costumbres más nocivos de la mayoría social en cuya cultura estamos inmersos (por ejemplo, en las actuales series de TV se está normalizando no sólo el recurso a la violencia, sino también el consumo de alcohol o de todo tipo de drogas).

Una clase especialmente delicada de mensajes que se transmite a los niños en los primeros años de la escolaridad, e incluso más adelante, es el de la manifestación directa o solapada, de las expectativas que se mantienen hacia ellos. Las afirmaciones rotundas tales como: "*¡Todo lo estropeas! ¡Eres un manazas!*"; "*a ti no se te da bien…* (la lectura, el fútbol, los números, etc.)"; "*nunca vas a conseguir un título universitario*"; "*tú limítate a buscar un trabajo de funcionario para vivir seguro*", etc., tienen todas un efecto demoledor sobre los pequeños. Pero también se pueden inducir "presets" o mensajes con un carácter más positivo: *"Se te da bien desmontar juguetes; tú vas a ser un buen ingeniero, como tu padre". "Mira qué bien dibujas; eres todo un artista". "Si sigues sacando tan buenas notas, vas a poder estudiar lo que quieras". "Tienes muy buenas ideas e iniciativas, seguro que te irá bien en la vida"*, etc.

El embrión del concepto de nosotros mismos se basa en las primeras percepciones que, de niños, hemos captado respecto a la actitud que las personas significativas manifiestan hacia nuestro propio yo en desarrollo; no sólo en los mensajes verbales que los cuidadores nos dirigían directamente en los años infantiles sino, sobre todo, en "cómo percibíamos que nos percibían" los demás; en las actitudes de aceptación, de rechazo o de indiferencia hacia nosotros. Los comentarios desvalorizadores repetidos, acompañados de las correspondientes manifestaciones de afecto negativo acaban asentando una programación mental adversa en la que predominan los rugidos que coartan la propia autoestima y paralizan la acción, mientras que los mensajes y las actitudes de carácter positivo alientan y estimulan el desarrollo de un carácter más abierto y confiado.

Por su parte, el concepto de sí mismo es la lente primordial con la que enfocamos nuestra realidad interna y externa; las gafas que nos permiten apreciar adecuadamente, o nos distorsionan, la dimensión de nuestras fortalezas y de las demandas del mundo circundante. El autoconcepto, la autoestima, es la manifestación de la propia programación mental de base con la que contamos para hacer frente o huir ante los problemas reales o los rugidos de los tigres imaginarios que nos vamos a encontrar a lo largo del camino.

Es como si la primera conclusión de la pequeña persona que está comenzando su camino por la vida fuera algo así como: *"Tengo recursos, la vida es amable, voy a sentirme bien"*, o bien: *"Estoy indefenso, la vida es muy dura, no voy a poder soportarla"*. Luego, a lo largo de la vida, vamos elaborando una filosofía personal que se basa en ese concepto primario de nosotros mismos y que nos lleva a enfocar nuestra existencia como una lucha imposible de ganar o como una tarea que merece la pena llevar a cabo.

Muchos expertos en el comportamiento humano, investigadores, sistemas de psicoterapia, etc. se han ocupado de estudiar los elementos más problemáticos de los programas mentales a partir de los cuales tendemos a interpretar la realidad y a organizar nuestras respuestas y decisiones. El resultado, metafóricamente expresado, es que los seres humanos no contemplamos la realidad, los hechos –lo que nos ocurre– de una forma directa sino a través de algún tipo de gafas que, en mayor o menor medida, nos dan una imagen distorsionada de la realidad.

De una manera general, podemos empezar identificando tres grandes categorías de distorsión mental[1] que pueden estar afectando a esos lentes: El "etiquetamiento", las "inferencias" y las "intensionalizaciones".

- El etiquetamiento se refiere a las clasificaciones rígidas e inamovibles que utilizamos para referirnos a la gente, los acontecimientos, o a nosotros mismos. Términos absolutos como "bueno", "malo" o sus equivalentes son como sentencias inapelables que aplicamos a todo cuanto nos rodea estableciendo dicotomías bien diferenciadas. La realidad, sin embargo, es bastante más compleja que la estrecha visión que nos permiten las etiquetas rígidas. No hay más que pensar en la noción tradicional de que "el progreso es *bueno*", que está siendo fuertemente cuestionada por los problemas de contaminación, superpoblación, calentamiento global, cambio climático, etc. que ha traído consigo el "buen" progreso.

  Cuando nos damos cuenta de que estamos utilizando una etiqueta generalizadora o una dicotomía excluyente debería-

1. Este tipo de "distorsiones" se basa en la teoría de la Semántica General elaborada por A. Korzybski

mos preguntarnos si, en realidad, no existirá una gradación intermedia a la que sea más conveniente recurrir. Por ejemplo, entre *bueno* y *malo* se pueden situar puntos intermedios: *conveniente, deseable, neutro, poco deseable, nocivo, letal.*

Otro riesgo del etiquetamiento radica en la rigidez que supone calificar algo o a alguien con un "diagnóstico" definitivo, sin tener en cuenta las diferentes circunstancias o ambientes en los que se puede encontrar ni su historial completo o sus posibilidades futuras de cambio. Por ejemplo, si etiquetamos a alguien como una persona "reservada", más que el carácter de esa persona estamos describiendo nuestra relación actual con ella, ya que no tenemos datos de lo reservada o abierta que esa persona puede ser con sus amigos íntimos, sus familiares, en una celebración festiva, con su pareja, hablando en otro idioma o impartiendo una clase sobre oratoria.

En cuanto a las etiquetas diagnósticas, lo cierto es que una persona "tímida" no está condenada a serlo de por vida, como tampoco lo está una persona "angustiada", "depresiva" ni "obsesiva". Esos términos sirven como descripciones puntuales de la apreciación que alguien hace sobre el comportamiento de esas personas en un momento dado, pero la validez de tales diagnósticos se debería establecer siempre con la correspondiente especificación de fecha de caducidad o de aplicabilidad a situaciones determinadas.

Por lo que se refiere a la etiqueta general que todos nos aplicamos: "YO", también habría que considerar la evidencia de que no somos una realidad estática sino histórica, que hemos atravesado por distintas etapas vitales, mantenido creencias diversas –y, a veces, contrapuestas– y hasta distinta apariencia física, por lo que no es exacto hablar de un YO estático sino evolutivo.

- Las inferencias son conclusiones o interpretaciones realizadas a partir de nuestras observaciones y que van más allá de los hechos observables. Las inferencias son el resultado de filtrar los hechos objetivos a través de la lente de nuestros sistemas de significados personales, de nuestro historial de experiencias y del sesgo de nuestras creencias. Algunos ejemplos nos ayudarán a aclarar el concepto:

Hecho	Inferencia
Juan llegó 15 minutos tarde a la reunión	Juan no respeta el tiempo de los demás
María no contestó a mis llamadas	María está enfadada conmigo
La presentación durará una hora	La presentación va a ser aburrida
Marta está estudiando todos los días	Marta sacará muy buenas notas en su examen

Por supuesto, las inferencias son una herramienta excelente de trabajo siempre y cuando las utilicemos con el carácter de *probabilidad* –y no de *certeza*– que les corresponde. Las inferencias de los ejemplos anteriores podrían ser útiles si fueran acompañadas de la matización: *"probablemente, pero podría ser de otra manera"* (puede que María esté enfadada conmigo o, tal vez, estuviera ocupada cuando la llamé, o puede que se hubiera dejado su móvil en casa...). Juzgar a las personas por su aspecto o su indumentaria o por un hecho puntual, mantener convicciones absolutistas del tipo: "a mí todo me sale mal" o "yo siempre tengo suerte", y otras por el estilo no abren posibilidades, sino que, más bien, cierran horizontes y nos llevan a imaginar una realidad estática cuando, lo cierto, es que siempre es cambiante.

- Las "intensionalizaciones" constituyen un tipo de afirmación que exagera la certeza y/o gravedad de una manifestación con la cual se pretende establecer el propio punto de vista como si fuera la verdad absoluta sin tener en cuenta que lo cierto es

> que lo que afirmamos no es más que el resultado de contemplar la realidad a través de unas gafas empañadas. Un ejemplo claro sería una afirmación tan categórica como: *"Es el mejor* (restaurante, film, hotel, coche, etc.) *que hay"*. En la vida cotidiana, este tipo de expresiones no tienen demasiada importancia y los interlocutores suelen entender que la "verdad" que están oyendo no es más que la mera opinión del que la afirma, pero en otros contextos este tipo de dogmatismos pueden tener otras implicaciones más dramáticas: "Es el *peor* error que podía haber cometido", "este es el *único* camino a seguir", "es la persona *más* egoísta que te puedes encontrar". El efecto de "alarma" (rugido de tigre) que pueden llegar a tener este tipo de expresiones no sólo va a afectar al oyente sino también, y principalmente, a quien manifiesta su convicción absoluta en tan contundente creencia provocando un aumento innecesario de los niveles de estrés que, de cronificarse, pueden llegar a tener algún tipo de repercusión a largo plazo.

En nuestra vida cotidiana, debido a la educación convencional que hemos recibido, tendemos a descuidar o ignorar estos aspectos del funcionamiento mental y a utilizar el estilo de lenguaje que hemos aprendido desde niños; un lenguaje más emocional que racional, que maneja las palabras como si se tratara de las cosas o personas reales a las que se refieren, sin darnos cuenta de que las palabras son abstracciones, representaciones esquemáticas, simplificadas, "esqueléticas", por así decir, de esas mismas realidades que creemos abarcar en su totalidad.

Parafraseando a Alfred Korzybski (1994), podemos afirmar que nuestro comportamiento, en buena medida, se basa en suposiciones y en "el desconocimiento de lo que desconocemos". Esta reflexión, por cierto, es una reformulación contemporánea de la famosa máxima socrática "sólo sé que no sé nada". Por lo tanto, haríamos bien en tener en cuenta ese gran vacío de conocimiento (esa "ignorancia") que procuramos llenar con dogmatismos, clichés, estereotipos y demás para evitarnos el trabajo de tener que pensar de un modo más realista o la incomodidad de tener que aceptar nuestra propia ignorancia.

Por lo tanto, para colocar a los tigres invisibles en su justa dimensión, haríamos muy bien en intentar desarrollar una manera de pensar más abierta, más próxima a la realidad objetiva y menos teñida de las connotaciones emocionales que suelen acompañar a nuestro pensamiento-lenguaje habitual esforzándonos en:

- Ser conscientes de las etiquetas generales que empleamos para sustituirlas por referencias concretas a la "realidad" específica a la que nos estamos refiriendo. Darnos cuenta de que no "todos los *inmigrantes* son iguales", sino que "inmigrante 1" ≠ "inmigrante 2" ≠ "inmigrante 3". Del mismo modo "situación fóbica A" ≠ "Situación fóbica B", etc. Ni "todos los políticos son iguales" ni lo son tampoco "todos los diagnósticos de cáncer".
- Tener en cuenta la "gama de grises" cuando sentenciamos que algo es "bueno" o "malo". En la realidad, todo es relativo a algo. Un día de lluvia puede ser "malo" para nuestros planes de ir a la playa, pero resultar "excelente" para la paliar la sequía.
- Detectar nuestra tendencia a "intensionalizar" y admitir que el juicio que emitimos es meramente una opinión personal y no una verdad absoluta: ""En mi opinión"", este es el mejor restaurante de la ciudad" (pero no los conozco todos). "Me parece un error muy grave" (pero es mi opinión personal; no tengo todos los datos...).
- Dejar "la puerta abierta". Es decir, utilizar abundantemente la expresión "etcétera" para dejar abierta la posibilidad de tener en cuenta nuevos datos ignorados hasta el momento: "María no contestó a mis llamadas. Puede que no estuviera en casa,

que en ese momento estuviera ocupada, que no escuchara el teléfono, que pensara devolverme la llamada y se hubiera olvidado, etc.".

Por otro lado, conviene que desarrollemos nuestro propio "manual de estilo" de conversación interna con nosotros mismos para adquirir hábitos de pensamiento racionales, ajustados a la realidad, que nos ayuden a enfrentarnos o, incluso, a prevenir la angustia que emana de las formas de pensamiento catastrofistas y derrotistas que constituyen el habitual repertorio del que se sirve nuestra mente a la hora de afrontar situaciones imprevistas.

Por ejemplo, Albert Ellis (1975), el creador de la *Terapia Racional Emotiva*, señalaba tres grupos básicos de pensamientos automáticos irracionales a los que nuestra mente suele recurrir cuando las cosas no van por donde "deberían" ir: el "catastrofismo", la "no-soportantitis" y la "horribilitis".

El catastrofismo es un tipo de inferencia proyectiva que nos lleva a anticipar lo peor de cualquier situación. Es algo así como adoptar como dogma la "ley de Murphy": *la tostada siempre cae del lado de la mantequilla* o, lo que es lo mismo: si algo puede salir mal, saldrá mal. Naturalmente, aferrarse a un dogma semejante nos lleva a anular nuestra capacidad de previsión y protagonismo, nos clasifica bajo una etiqueta de "impotencia" y nos aboca a un estado de angustia y depresión.

La no-soportantitis suele ser la creencia negativa básica de la persona "neurótica" que tiende a considerar que cualquier tarea o acontecimiento siempre será superior a sus fuerzas y acabará por desbordarla, generando también sentimientos de ansiedad y miedo que son la base de una actitud de desamparo e impotencia que, a su vez, aumentará el tono emocional negativo.

La "horribilitis" es una lente distorsionadora que deforma de una manera exagerada cualquier realidad negativa común a la que nos enfrentemos. Vista a través de esta lente, la vida sólo tiene matices de blanco o negro, sin escala de grises y, naturalmente, con predominio de las zonas oscuras por lo que la reacción emocional ante semejante panorama será también muy sombría.

Como vemos, son "mapas" distorsionadores de la realidad; los problemas, a los que se refería Churchill, que "jamás llegan a ocurrir" pero que dejan su huella demoledora de ansiedad y generan un tono emocional de sufrimiento persistente en nuestro ánimo. El remedio, naturalmente, es la activación de un pensamiento realista basado no en certezas negativas sino en la evaluación objetiva de cada situación y la activación de nuestros recursos personales. Por ejemplo:

Distorsión	Pensamiento adaptativo
Catastrofismo *Si no me seleccionan para este trabajo, nunca tendré otra oportunidad. Estaré condenado a ser un parado toda mi vida.*	*Si no consigo este trabajo puedo mejorar mi currículo con alguna formación nueva y buscar otras oportunidades*
No-soportantitis *No aguanto tanta presión en el trabajo. Es insoportable y agotador*	*Hay mucha carga de trabajo en este momento, pero puedo organizarme y establecer prioridades. También podría pedir ayuda si fuera necesario.*
Horribilitis *Es horrible tener desacuerdos con mi pareja. Nuestra relación está condenada al fracaso.*	*Los roces y desacuerdos son normales en las relaciones. Podemos afrontarlos con calma, buscando comprensión y compromisos. Una discusión no define la relación; es una manera de conocernos mejor y crecer juntos.*

Existen otro tipo de pensamientos automáticos frecuentes que por ser de uso coloquial suelen pasarnos desapercibidos, pero también contribuyen en gran medida a que generemos una visión sesgada de la realidad y a activar un tono negativo en nuestro estado de ánimo:

El catastrofismo del "**Todo/Nada**" y "**Nunca/Siempre**". Se refiere a la exclamación frecuente que pronunciamos ante pequeños incidentes (el café derramado sobre el mantel, la rotura de algo que pretendíamos arreglar, etc.) o por la frustración de no conseguir algún propósito: "¡Todo me sale mal!", "siempre meto la pata", "¡nunca consigo lo que quiero!". Es un tic que deberíamos esforzarnos en corregir recurriendo a nuestra mente racional: "¿De veras que **Todo** me sale mal **Siempre**?, **Nunca** he conseguido **Nada** de lo que he intentado?". "¿No estaré exagerando un poco con todo esto?".

Una forma muy común de darnos permiso o de justificarnos cuando buscamos una excusa "razonable" para evadirnos de lo que sabemos que deberíamos hacer es el uso de la **Contrariedad** que solemos formular recurriendo a la conjunción "**Pero**", como si nos molestara o nos quedáramos frustrados por no poder llevar a cabo nuestros planes debido a una "causa de fuerza mayor" ineludible:

Tendría que salir a correr, **Pero** *está lloviendo.*

Para ayudarnos a reafirmarnos en nuestros valores, fortalecer nuestro compromiso y aceptar la adversidad de la situación llevando a cabo la acción programada, suele ser útil invertir el orden de la frase y cambiar la conjunción adversativa "pero" por la concesiva "**Aunque**":

Aunque está lloviendo, me voy a poner una ropa adecuada y voy a salir a correr como tenía previsto.

Aunque tengo claustrofobia, voy a meterme en el ascensor y subir hasta el primer piso, como había planeado.

Aunque sigo molesto, voy a hablar con mi pareja para tratar de reconciliarnos

En definitiva, los diálogos internos se podrían englobar en dos grandes categorías:

- Pensamientos retóricos, vacíos de contenido, de carácter catastrofista, culpabilizador, rencoroso o paralizador y destructivo, del estilo de los que hemos estado examinando y que surgen de la tendencia a formularse preguntas retóricas, sin una respuesta concreta: *¿Por qué me tiene que pasar esto a mí? ¿Qué he hecho para merecer esto? Todo se me pone en contra". No tengo salida...*
- Pensamientos racionales, constructivos, orientados hacia soluciones, liberadores y estimulantes que pueden abrir la respuesta a preguntas razonables: *¿Qué puedo hacer en esta situación? ¿Cuál podría ser el primer paso a seguir? Si tomo esta decisión, ¿a dónde me podría llevar? ¿Qué otras alternativas tengo ¿Qué haría otro (una "persona admirable") en mi lugar? ¿Cómo me puedo preparar para que me afecte lo menos posible?*

El efecto del primer tipo de preguntas es ahondar en el pozo de nuestra angustia. El recurso a pensamientos y cuestionamientos realistas y racionales facilita que empecemos a ver la salida del túnel.

Resumen

Empezamos a tener conciencia de nosotros mismos en función de las actitudes que percibimos en los demás hacia nosotros mismos. Luego, elaboramos nuestras expectativas vitales en función de los recursos o la fortaleza personal que sentimos poseer (o de los que pensamos que carecemos).

Solemos interpretar la realidad a través de tres tipos de distorsiones básicas:

- Etiquetamientos: Son prejuicios aplicados como la identificación única de personas o elementos que, en realidad, son diferentes entre sí.
- Inferencias: Adopción de una interpretación única sobre una realidad más compleja.
- Intensionalizaciones: Magnificaciones exageradas de una circunstancia concreta.

Frente a estas distorsiones generales, deberíamos desarrollar una actitud mental más ajustada sobre la realidad y sobre nosotros mismos, que considere que:

- No hay una "realidad" general y única sino "realidades" específicas de cada cosa, tiempo y lugar.
- Las cosas no son buenas o malas, blancas o negras, sino que siempre se pueden considerar en una gradación, una escala de grises.
- Las generalizaciones exageradas no son más que opiniones personales.
- Ninguna descripción es exhaustiva; siempre debemos añadir un "etcétera".

Además, es conveniente desarrollar un manual de "estilo de pensamiento personal" para evitar los "vicios" comunes de pensamiento distorsionado:

- Prestar atención a las formas comunes de pensamientos automáticos del tipo: todo/nada, siempre/nunca y a las "pero/aunque"
- Evitar los planteamientos retóricos que sólo sirven para reforzar la interpretación negativa de una situación. Esforzarse en formular preguntas abiertas que apunten a alguna salida concreta.

Propuestas de acción

No es sencillo erradicar hábitos de pensamiento, pero es muy conveniente intentarlo pues supone una verdadera liberación de esquemas, clichés y prejuicios. La propuesta, de este capítulo consiste en asumir el papel de yo-observador de nuestra manera de pensar habitual y de nuestras expresiones verbales más frecuentes para localizar primero y corregir después nuestra tendencia a:

- Etiquetar: El antídoto de etiquetar es "personalizar". Para personalizar nuestras interacciones con los demás debemos hacer el esfuerzo de aislar a nuestro interlocutor de la categoría en la que lo encasillamos: Hacer el esfuerzo de darnos cuenta de que estamos hablando con un ser humano, no con un "funcionario" (por poner un ejemplo). Podemos utilizar nuestro yo-observador para preguntarnos si esa persona se está sintiendo cómoda o tensa; si parece tener prisa o se toma su tiempo; si tendrá hijos; si será seguidor del equipo local de fútbol... Cualquier consideración que podamos estar haciendo "en segundo plano" mientras interaccionamos con nuestro interlocutor y que nos sirva para "humanizarlo" como persona individual al margen de su categorización como "funcionario", "policía", "médico"...
- Hacer inferencias: Cuando caigamos en la cuenta de que podemos estar haciendo alguna inferencia, podemos recurrir a preguntarnos: ¿Existen otras interpretaciones? Voy a buscar

tres explicaciones alternativas: ¿qué datos objetivos tengo para confirmar o poner en duda mi impresión inicial?

- Intensionalizar: La utilización de adverbios o expresiones de "exageración" (totalmente, absolutamente, sin la menor duda, lo mejor, lo peor, etc.) son "el mejor" indicativo (al menos, uno "bueno") de que estamos intensificando, agrandando, ampliando, sobredimensionando nuestro discurso. En este caso, podemos recurrir a preguntas concretas en sentido contrario; por ejemplo, ante una frase como: Lo peor que ha podido pasarme... podemos preguntarnos: ¿Qué cosas realmente peores que eso me podrían ocurrir? O podemos recurrir a imaginar "desgracias" o "catástrofes" aún mayores que lo que estamos expresando verbalmente.

Además, es aconsejable adquirir el hábito de hacer un buen uso de nuestro manual de estilo de pensamiento personal, como se apunta en el resumen de más arriba, y añadir al final de nuestros comentarios un etcétera (aunque sólo sea mentalmente) para recordarnos que las palabras no son capaces de transmitir toda la complejidad de cualquier realidad por simple que nos parezca.

Un interesante pasatiempo para comprobar la realidad de los etcéteras consiste en describir un objeto cualquiera y añadir cada vez una característica que se pueda relacionar con él: sobre su forma, color, materia, peso, temperatura... pero también: uso, procedencia, proceso de fabricación, precio... pero, también: aspecto, proporciones, sensación general... Etc.

6

SER (RAZONABLEMENTE) IRRACIONALES

En el transcurso de la evolución humana la mente se fue configurando como el recurso más poderoso de adaptación a cualquier tipo de ambiente. Sin poseer una fuerza comparable a la del gorila, ni la capacidad de vuelo del águila o el hábil desplazamiento acuático del delfín, el ser humano ha sido capaz de adaptarse a todos los medios gracias al desarrollo de una inteligencia capaz de manejar símbolos abstractos y realizar complicadas funciones simbólicas que le han permitido sobrevivir, aprender a defenderse de las amenazas y comunicar a otros sus experiencias desde los albores de la historia.

Pero, tal vez, debido a su propia función primaria de supervivencia, nuestras mentes actuales se han especializado en la detección de amenazas y peligros hasta el punto, diríamos, de "excederse" en sus funciones llevándonos a paralizar nuestras vidas ante situaciones que, consideradas objetivamente en sí mismas, no son en absoluto peligrosas ni demandan la respuesta básica de "lucha o huida" tan familiar a nuestros ancestros de las cavernas.

Un ascensor –con un buen servicio de asistencia y sometido a las debidas revisiones periódicas– no entraña demasiado peligro. Sin embargo, mucha gente siente aprensión al disponerse a utilizar uno de esos mecanismos o, sencillamente, prefiere utilizar las escaleras.

Que un temor semejante se pueda considerar "lógico" en función de la remota posibilidad de un corte en el suministro eléctrico, con el consiguiente malestar que supondría tener que permanecer un tiempo bloqueado en un espacio reducido con otras personas, podría ser admisible, aunque a regañadientes.

Pero que una crítica o, peor aún, la mera posibilidad, la simple idea de que alguien nos vaya a criticar o de que pueda manifestar su desacuerdo con algo que a nosotros nos gustaría expresar o hacer tenga el "poder" de irritarnos, inhibirnos o de sumirnos en un estado depresivo, ya no tiene ninguna justificación lógica.

Al troglodita le puede causar espanto el bisonte que se dispone a cazar (un sentimiento provocado por una "realidad" externa, real y tangible), Puede sentir aprensión imaginándose embestido por uno de esos animales (un sentimiento evocado no ya por una realidad tangible sino por una inferencia: por la "representación mental" de esa realidad) y resistirse a formar parte de la partida de caza. Pero aún puede ir un paso más allá y sentirse molesto también de muchas maneras (avergonzado, deprimido, furioso...) anticipando las posibles burlas y críticas de los suyos por su miedo a los bisontes antes de que se produzca ninguno de tales comentarios. Es decir: un sentimiento actual (miedo) puede activarse no sólo frente a una realidad externa (bisonte) sino como respuesta a una representación imaginaria de esa realidad, y dar lugar a una respuesta de evitación (resistirse a salir de caza) lo cual, a su vez, activa nuevas representaciones mentales (posibles comentarios y críticas de los compañeros de partida) que desencadenan más sentimientos negativos (vergüenza, rabia, depresión) y un incremento continuo de sufrimiento inútil.

Así contado, podría parecer un ejemplo sacado del conocido libro de Paul Watzlawick (2017) *"El arte de amargarse la vida"* o una propuesta para hablar de los bloqueos e inhibiciones que suelen derivarse de los sentimientos "negativos" (una bonita etiqueta hipersimplificadora de la complejidad emocional). Pero si estiramos un poco más la historia, podríamos encontrarnos con la sorpresa de que toda esa compleja cadena evitativa de supervivencia desencadenada por sentimientos "negativos" pudo haber tenido un resultado mucho más útil y conveniente para la humanidad en el paleolítico que las arriesgadas partidas de caza en las que se habrían perdido muchas vidas humanas.

De hecho, no sería muy descabellado suponer que el temor a dejarse la piel en peligrosas expediciones cinegéticas en busca de presas poderosas junto, tal vez, con el deseo de aumentar la propia autoestima y el prestigio entre sus vecinos, habrían llevado a nuestro apocado cazador de las cavernas a mejorar las técnicas de recolección, actividad mucho menos peligrosa que la caza del bisonte, hasta desarrollar un principio de agricultura que daría lugar al sedentarismo y al comienzo de la civilización propia del "homo sapiens sapiens".

Aunque, por supuesto, es posible que, en su fuero interno, ese supuesto precursor de la civilización no hubiera podido liberarse del todo de sus sentimientos de inferioridad a lo largo de su vida porque las paradojas y las contradicciones también suelen ser un producto habitual de nuestra condición de "sapiens".

Hoy en día los peligros que nos acechan no son tan evidentes como los que tenían que afrontar nuestros remotos antepasados: Fake news, desinformación o noticias tendenciosas que buscan crear estados de opinión, auténticos "lavados" de cerebro, dogmas e ideologías que dividen entre buenos y malos y otras cosas por el estilo son las nuevas amenazas de nuestro tiempo. Pero nuestros recursos no han cambiado demasiado: disponemos de las mismas mentes generadoras de los mismos procesos mentales que nuestros precursores de las cavernas: etiquetamientos, inferencias, intensionalizaciones. De alguna manera, seguimos espantándonos ante los bisontes que "creamos" en nuestra imaginación con más frecuencia y mayor intensidad que cuando tenemos que enfrentarnos a un "bisonte" de verdad.

Un proceso no muy diferente al que describía una tira cómica en una antigua revista infantil, en época de Halloween: un niño trabaja ahuecando una calabaza. Hace los cortes correspondientes a los ojos, la nariz y la boca desdentada. Contempla satisfecho su obra. Coloca una luz en el interior de la calabaza y, en la última viñeta, sale corriendo despavorido por el terror que le produce su propia obra.

Ya hemos señalado que el lenguaje y los procesos cognitivo-verbales son la clave de la evolución humana. El problema está en el uso excesivamente literal que hacemos de las palabras y los símbolos de los que nos servimos para generar representaciones de la realidad (como las pinturas de bisontes en la pared de la caverna) de modo que terminamos actuando ante ellas como si fueran la realidad misma.

La diferencia entre el pensamiento mágico y el científico radica en la credulidad.

La persona crédula observa la realidad (calabaza tallada); la transcribe, es decir, transforma cognitivamente esa realidad al añadirle creencias previas, interpretaciones, temores, esperanzas, filias, fobias, etc., ("ojos sin vida", "sonrisa siniestra", cuentos de fantasmas, fenómenos inexplicables, sombras que se mueven…) y, sobre todo ese entramado mental, elabora inferencias –otro proceso mental– ("esta calabaza es un fantasma que puede hacerme daño") que no contrasta con la realidad y, de acuerdo con el resultado de todo este proceso tan complicado como automático (sensación de miedo), organiza la respuesta que le parece más adecuada (salir corriendo). En resumen, la persona crédula se organiza principalmente en función de sus contenidos verbales y mentales más que de las evidencias objetivas de la realidad externa.

La persona con un pensamiento más científico parte también de la observación de la realidad: las piedras redondeadas, a veces, ruedan por las pendientes; la madera tiene consistencia y se le puede dar una cierta forma. Transcribe también esos datos cognitivamente y les añade la representación de otras experiencias previas. Luego, como en el caso anterior, elabora inferencias: "Si se perfora una piedra redondeada para introducirle un eje de madera, puedo conseguir que ruede por donde yo quiera". Finalmente, contrasta sus hipótesis con la realidad, lo que le permite descartar sus inferencias inadecuadas, modificarlas o buscar nuevas vías para alcanzar su objetivo deseado.

Así se inventaría la rueda.

Pero lo más importante es destacar la diferencia entre credulidad y contraste con la realidad. A la hora de lograr un procedimiento que facilitara el transporte en la prehistoria, seguramente, los trogloditas crédulos se dedicarían a buscar la "varita mágica" que, al tocar la piedra hiciera que ésta se pusiera en marcha y lo más probable es que, a pesar de sus repetidos fracasos, persistieran en su intento al atribuir el fallo del ritual empleado no a la inoperancia del sistema sino a sus defectos persones: su "indignidad", su "impureza" sus "pecados". Los "realistas", por su parte, andarían probando procedimientos que les permitieran no sólo inventar la rueda sino, además, acoplarla a las parihuelas que hasta ese momento habrían carretado a rastras por el suelo inventando, de ese modo, la carreta.

Rigidez mental frente a flexibilidad psicológica; adherencia inquebrantable a las propias ideas frente a revisión permanente de supuestos y dogmas personales; identificación y confusión de los contenidos mentales con los hechos de la realidad externa. Tales son las diferencias entre el pensamiento dogmático y el científico.

La tendencia común a mezclar los procesos mentales y verbales con la experiencia directa de la realidad hasta confundir ambas cosas se conoce con el nombre de *"fusión cognitiva"* y es el modo operativo más frecuente en la gran mayoría de los problemas emocionales: el agorafóbico empieza a sudar y jadear no ya a la vista del supermercado abarrotado de gente sino en el momento en el que, en la supuesta tranquilidad de su casa, recuerda que necesita hacer unas compras, por lo que decide pasarle el encargo a otra persona para poder quedarse en casa y disolver así su angustia, aunque eso suponga alimentar al tigre de sus temores y su aislamiento social; la persona depresiva ya se rinde ante el esfuerzo de "imaginar" que debería arreglarse un poco para salir a la calle a caminar un rato, como le había propuesto su terapeuta, y renuncia al paseo "hasta sentirse con más fuerzas", con lo que le da más alimento al tigre de su depresión; el obsesivo infiere que "algo malo va a pasar" si no cumplimenta sus rituales y dedica una gran cantidad de tiempo a alimentar a su tigre interior a base de lavados de manos, ordenamiento milimétrico de objetos o recuento incesante de elementos.

La situación se complica por el hecho de que, en estado de fusión cognitiva, primero organizamos la situación de manera simbólica y, luego, organizamos nuestra conducta de manera que encaje con las reglas mentales o sociales que estamos programados a seguir. Por ejemplo, en el caso de una persona con agorafobia, el complejo proceso que tiene lugar en su mente podría parecerse a una secuencia como esta:

Representación en imagen del supermercado (simbolización de experiencias del pasado) → *activación fisiológica* (en el presente) → *etiquetamiento de las sensaciones* (en el presente): *ansiedad, angustia* → *traducción a "regla social"* (cadena de generalizaciones e inferencias simbolizadas en el presente): *"Lo mío es una enfermedad" + "No me curaré hasta que no encuentre el remedio adecuado" + "la ansiedad tiene efectos sobre el corazón y el sistema inmunológico" + "Esta enfermedad me está arruinando la vida y no puedo hacer nada para evitarlo"* → *Intensificación de la ansiedad/angustia* (en el presente) → *Refuerzo de la creencia en las reglas sociales sobre los trastornos de ansiedad* (en el presente y hacia el futuro) → *Cronificación indefinida del problema* → *Retirada de la vida.*

Como las reglas verbales son muy útiles (de hecho, son el privilegio del homo sapiens sapiens y son el elemento que, con toda seguridad habrá facilitado el desarrollo de la agricultura y la invención de la rueda en los albores de la humanidad), se adoptan como la manera de operar en la vida cotidiana y así, se genera una tendencia a perder de vista la realidad y a fusionarse con toda la maquinaria verbal.

En un estado de fusión, el pensamiento regula la conducta sin tener en cuenta ninguna otra contribución adicional, abocándonos a la evitación vivencial porque asumimos unas reglas que sugieren que nuestras vivencias "negativas" son "insanas" y deben ser eliminadas. Nos resulta imposible limitarnos a *ser testigos de la presencia de nuestros pensamientos, recuerdos o sentimientos.*

El antídoto de la fusión cognitiva es, naturalmente, la "defusión"[1], el distanciamiento, que no consiste exactamente en eliminar los contenidos mentales y afectivos negativos (por ejemplo, borrar la idea del "colapso" que, seguramente, voy a experimentar en el supermercado, la visión de "la gran fatiga" que me va a suponer calzarme para bajar hasta la calle o la "invasión microbiana" que va a entrar en mi organismo si no me lavo las manos hasta despellejármelas) sino en *separar* los procesos mentales de los resultados que generan; situar todo ese torrente de verbalizaciones e imágenes que la mente está produciendo, en el contexto que les corresponde: el "contexto imaginativo mental", evitando responder ante esos contenidos mentales como si se tratara de la realidad a la que representan.

1. *Defusion* es el neologismo acuñado por la Terapia de Aceptación y Compromiso para referirse a este aspecto del funcionamiento de la mente.

Es decir, permitirse escuchar todo el "ruido" de la maquinaria mental, pero, en lugar de asumir el producto final del proceso –esa *retirada de la vida*– transformar el resultado en una conclusión al estilo de:

Pero todo esto no es más que un producto de mi mente
que no tiene por qué ser necesariamente cierto.

No tiene sentido aterrorizarse hasta el extremo de no querer salir de la cueva por temor al bisonte que se ha dibujado previamente sobre la pared; sí lo tiene utilizar la pintura como advertencia para tomar las debidas precauciones antes de salir de cacería. Porque no es la pintura del bisonte la que va a arremeter contra el asustado troglodita.

No se trata de deshacerse de los pensamientos perturbadores ni de borrar las emociones molestas. El objetivo de la defusión es desarrollar una mayor flexibilidad cognitiva de manera que, cuando la fusión sea segura y deseable como, por ejemplo, en el momento de disfrutar de una novela (aunque sea de terror), uno se pueda dejar ir en ella de forma voluntaria; pero en el momento de enfrentarse a los viejos miedos, al recuerdo de críticas o de acontecimientos negativos del pasado, uno pueda distanciarse de los contenidos de la mente, darse cuenta del proceso interno que está teniendo lugar y no quedarse atrapado en el resultado del proceso:

Soy consciente de que estoy pensando que me va a dar un ataque de
pánico; pero es sólo un pensamiento, no una realidad.

No se trata de eliminar, de borrar, los contenidos negativos de la mente; lo que hay que hacer es colocarlos en el lugar que les corresponde en nuestra mochila vital, junto con los sueños, los malos recuerdos y los arrepentimientos. Puede que, al principio, resulten una carga un poco pesada, pero constituyen un material reciclable que, bien usado, puede ser de mucha utilidad en el camino del desarrollo personal. Lo mismo que el miedo del troglodita apocado que le llevó a "inventar" la agricultura.

Los procedimientos de defusión se han venido utilizando con diferentes denominaciones en muchos procedimientos de psicoterapia. Por ejemplo, la terapia implosiva y la intención paradójica, aunque con distintos matices más teóricos que de procedimiento, buscan, al igual que la defusión cognitiva, cambiar la relación, la manera de abordar los contenidos mentales.

Resumen

Nuestro sistema cognitivo se ha especializado en protegernos de las amenazas y peligros hasta el punto de activarse ante la mera representación de un posible peligro.

Esto favorece que tengamos tendencia a desarrollar una credulidad supersticiosa ante los mensajes alarmistas de nuestra mente.

"Fusión" es el nombre que se da al proceso de identificar los contenidos y operaciones de nuestra mente con la realidad que pretenden representar llevándonos a responder ante la representación mental como si se tratara de la realidad

La "defusión" consiste en disociar las representaciones mentales de la realidad a la que se refieren, evitando responder ante las representaciones como si se trata de la "realidad".

Los procedimientos de defusión pueden ser muy variados: Ejercicios a nivel fonético, de imaginación o dramatización mental, de carácter semántico o consideraciones de carácter racional.

El objetivo de la defusión no es, exactamente, "eliminar" los contenidos negativos de la mente (pensamientos o imágenes) sino reducir el dramatismo de esos contenidos para tener mayor libertad para responder adecuadamente a lo que es real.

Propuestas de acción

La Terapia de Aceptación y Compromiso propuesta por Steven Hayes y otros (2014) y Hayes, S. (2013) ha sistematizado un conjunto de técnicas encaminadas a identificar con claridad los procesos verbales y cognitivos para evitar que les asignemos respuestas que corresponderían a elementos o situaciones de la realidad exterior.

Naturalmente, no se pretende encontrar "la técnica" de la persona feliz, la que va a organizar los contenidos mentales y estructurar las respuestas adecuadas a la realidad del aquí y ahora. Los ejercicios pueden tener, más bien, el efecto de un espejo en el que, si nos miramos con detenimiento, podemos llegar a ver reflejado nuestro fallo en la asignación de respuestas cuando reaccionamos ante un contenido mental o verbal como si se tratara de un objeto o situación real. A lo largo del capítulo se ha destacado el papel de la fusión. Ahora esbozaremos algunas propuestas de acción para evitar atribuir a los productos de la mente la reacción que podrían desencadenar los elementos de la realidad

La diferencia entre "palabras" y "realidad" es fácil de captar si nos centramos en objetos muy concretos; por ejemplo, todos comprendemos que no es razonable tratar de sentarse en la palabra "silla" (un elemento meramente verbal) pero que sí podemos hacerlo encima de ese mueble ligero, con patas, que forma parte de la realidad física, y que utilizamos para descansar un poco o hacer más ligera una espera.

Pero la diferenciación puede resultar un poco más complicada con otro tipo de representaciones. Por ejemplo, podemos estar encantados de contemplar la foto de nuestra pareja, aunque sabemos que no estamos enamorados de la foto: no invitamos a la foto a ir al teatro ni le llevamos el desayudo a la cama al retrato, sino a la persona real, de carne y hueso, que representa la foto (aunque, de vez en cuando, podamos besar la cartulina con la imagen de la persona amada).

Pero puede resultar un poco más complicado cuando consideramos otros símbolos, como banderas, himnos u otro tipo de distintivos de identificación que suelen desencadenar una determinada reacción emocional en muchas personas.

La diferencia entre palabras y realidades se vuelve más evidente cuando consideramos las valoraciones que hacemos de las cosas. Podemos considerar que una silla es cómoda. Pero, en realidad, la “comodidad” no forma parte de la silla, sino que es un añadido personal con el que nosotros calificamos a la silla. Hablando con propiedad, podríamos decir que la silla “es” de madera, de tales medidas, de cuatro patas, etc. Pero la comodidad no forma parte de la silla: Para una persona con una determinada configuración física el asiento puede resultarle confortable, pero otra persona con otras proporciones corporales diferentes la puede encontrar francamente incómoda. Y cuando, después de una gran catástrofe ya no quede ningún ser viviente que pueda sentarse, la silla seguirá existiendo como tal y no tendrá sentido afirmar que es cómoda o incómoda.

La Terapia de Aceptación y Compromiso, así como la Programación Neurolingüística articulada por Bandler y Grinder (2002) o la Semántica General del ya citado Korzybski proponen una diversidad de ejercicios orientados a establecer esta distinción entre “realidad” interna y externa, entre contenidos mentales y mundo físico. A continuación, se exponen algunos ejemplos de las propuestas de defusión de la Terapia de Aceptación y compromiso:

Ejercicios de desliteralización:

- Son ejercicios de defusión muy sencillos: A veces, llevar la atención a la sonoridad de las palabras puede facilitar también una defusión de su significado; por ejemplo, si pensamos en la palabra “jamón” cuando sentimos algo de hambre es posible que nuestras glándulas salivales se activen ligeramente. Si repetimos muchas veces de forma rápida la palabra “jamón” (jamónjamónjamónjamón...), llega a sonarnos como algo extraño y la salivación desaparece. Lo mismo ocurrirá con palabras más emocionales, como "terrible" (terribleterribleterrible...) que acaba sonando como un ritmo rapero o el traqueteo de un tren. Este tipo de ejercicios son una especie de precalentamiento, un primer paso para establecer una cierta distancia entre la palabra como articulación vocal y el significado que representa.

- Otro tipo de ejercicios con la "sonoridad" de los argumentos verbales pueden entrañar un carácter más lúdico y sorprendente, como imaginarse las frases derrotistas que, a menudo, nos vienen a la mente con el resultado de desencadenar un estado de ánimo negativo (por ejemplo: "soy un inútil", "no puedo hacerlo", "me voy a descontrolar"...) pronunciadas con la voz del Pato Donald, o cantadas a pleno pulmón por un tenor representando una ópera.

  Puede parecer "ridículo" o "absurdo" (dos bonitas palabras para repetirse rápidamente o pedirle al Pato Donald que nos las cante), puede resultar extraño plantearse abordar el dramatismo de un problema emocional desde una actitud tan "frívola" (otra palabra "desliteralizable"), pero es que hasta esa sensación de frivolidad, lo mismo que un cierto sentido del humor, nos pueden ayudar a defusionarnos del sentimiento de tragedia que suele acompañar a los contenidos de nuestra mente cuando no corresponden a una situación presente sino que son el recuerdo o la anticipación de algo negativo que ya sucedió o que es una mera posibilidad.

- Algunos ejercicios tienen un carácter más *analítico y racional*. Comprender que "el tigre" que amenaza con devorarnos cada vez que intentamos liberarnos de su tiranía es sólo un tigre imaginario y que su amenaza no va a pasar jamás de meros rugidos por "terribles" que parezcan, puede facilitarnos el inicio de nuestra propia liberación, por ejemplo, estableciendo un compromiso de afrontamiento de situaciones fóbicas progresivamente más "problemáticas", o de activación y conexión con la realidad en el caso de depresiones, o de desviación de pensamientos y rituales obsesivos hacia la "realidad" de lo que debamos hacer en el momento.

Otro tipo de informaciones contrastadas también nos puede ayudar a relativizar muchos de nuestros miedos y aprensiones; por ejemplo, informarnos de que el hecho de dormir menos de ocho horas diarias no implica, necesariamente, un riesgo para la salud. O que la bibliografía existente sobre daños fisiológicos producidos por ataques de pánico apunta hacia la minimización de esos efectos negativos. Etcétera.

- *Ejercicios de imaginación:* Los creadores de la Terapia de Aceptación y Compromiso proponen el ejemplo del *conductor de autobús*: Podemos imaginar que guiamos el autobús de nuestra propia vida. Tenemos un destino y algunas paradas intermedias. En cada parada, suben algunos viajeros nuevos (pensamientos, proyectos, ilusiones); pero, a veces, sube también algún indeseable malencarado que sabemos que nos va a causar problemas (nuestros temores, preocupaciones, angustia, etc.). Y, en efecto, en algún momento del viaje, los viajeros indeseables que se sientan al fondo del autobús empiezan a armar bronca. Exigen que los llevemos a otro destino diferente del que teníamos establecido. Entonces, se nos plantea el conflicto entre tratar de calmar a los viajeros indeseables cumpliendo sus exigencias de desviarnos de la ruta programada o armarnos de paciencia y valor y seguir nuestro camino a pesar del tumulto de esos gamberros. Pero sabemos que, por mucho que esos personajes nos amenacen, nosotros somos el conductor al mando, los únicos que podemos llevar el autobús por una u otra ruta, así que nuestros molestos acompañantes no tienen más poder sobre nosotros que sus fastidiosos gritos y provocaciones. Nosotros podemos seguir adelante, hacia nuestra meta, con todo ese tumulto, y a pesar de ello.

El ejemplo del autobús es una representación metafórica de compromiso con nuestros propios valores –el itinerario elegido–, la aceptación de las trabas e inconvenientes del camino –los molestos pasajeros– y de la responsabilidad por la acción personal –seguir al volante hasta el final–.

Otros ejercicios de defusión con un carácter más "visual" se refieren a imaginar nuestros propios pensamientos alejándose, ya sea transportados en hojas de árbol arrastradas por una corriente de agua, o en los vagones de un tren de mercancías que observamos pasar lentamente desde un puente.

- *Ejercicios de personificación.* También se pueden "personificar" los pensamientos convirtiéndolos en una especie de actores de un viejo melodrama que se repite: el apocado, el metepatas, el comodón, el inútil, el criticón, el invisible... cada cual, con su diálogo habitual, de manera que nos resulte más fácil distanciarnos, defusionarnos, tanto del personaje como de su discurso, y que hasta podamos darle volumen o bajárselo como si manejáramos el mando de una radio. Así, cada vez que se asome uno de esos personajes a nuestra mente, podemos "desenfocarlo" o bajar el sonido para que no nos resulte tan molesto: *Aquí está el "miedicas del supermercado". Pues te vas a venir conmigo, y vamos a entrar los dos a comprar unas bases de pizza para celebrar el encuentro.*

En definitiva, lo fundamental es situar las cosas en su lugar. Con la defusión no se pretende "eliminar" pensamientos, recuerdos ni sentimientos, sino ponerlos en su lugar. Podemos recordar algo o a alguien con añoranza o alegría, pero siendo conscientes de que eso que recordamos, que nos decimos o sentimos, no forma parte del "aquí y ahora" sino del "allá y entonces". No se trata de anular la clase de persona que somos, con nuestras vivencias positivas y negativas; el objetivo es que al rememorar alguna "casilla negra" en la que, en algún momento, hubiera quedado bloqueada nuestra partida de ajedrez vital, seamos conscientes de que aquello fue historia, que establezcamos el oportuno aprendizaje y que no regresemos a estancarnos en esa casilla a la que ya no le corresponde formar parte de nuestra trayectoria vital hacia delante.

Y, sobre todo, debemos tener presente que ningún ejercicio o propuesta son "mágicos" y que cualquier iniciativa que tomemos para avanzar en nuestro camino de desarrollo personal estará marcada por nuestros valores, la aceptación de las dificultades, el compromiso con la tarea y la responsabilidad de nuestras acciones.

7

ACCIÓN

"Lo más importante es no dejar de mover los pies". Es el consejo que el maestro zen le da al discípulo que debe encontrar la salida de un tenebroso laberinto para superar su última prueba. Este y otros muchos relatos "inspiradores" inciden en la misma idea de la necesidad de una acción perseverante; desde la conocida fábula de Esopo de "La tortuga y la liebre" en la que la lenta pero constante tortuga gana la carrera a la anárquica liebre, hasta la típica historia que suele surgir en los talleres de desarrollo personal sobre los dos ratones que caen en un caldero lleno de leche con el resultado de que, mientras que uno, cansado de nadar se rinde y se deja ahogar, el otro sigue y sigue nadando hasta que con su perseverancia logra transformar la leche en mantequilla, consiguiendo así una base de sustentación sólida para salir de su encierro en el caldero.

Salvando la fábula de Esopo, no soy un entusiasta de ese tipo de relatos porque me parecen demasiado alejados de la realidad: los novicios budistas no tienen que cruzar laberintos tenebrosos en medio de voces del más allá ni la leche se convierte en mantequilla con tanta facilidad como describe el cuento de los ratones. Y hasta la idea de "no dejar de mover los pies" me suena a una especie de revuelo de pollos sin cabeza. Preferiría que alguien escribiera relatos al estilo de "El estudiante y la prueba difícil" en el que se explique cómo un estudiante con dificultades consigue superar un duro examen gracias a su esfuerzo constante; o el de "El labrador y el terreno baldío", sobre un trabajador del campo que sólo dispone de un terreno pedregoso y tiene que trabajar duro para ponerlo en producción; o, por darle un toque clásico, el cuento de "El pescador y la red vacía", que explique cómo un pescador que jamás conseguía llenar su red decide buscar otras aguas más alejadas, más agitadas, pero más productivas.

Y, en lugar de ese desordenado "mover los pies", me parece más redonda la frase: "me levanto cada día para llevar adelante el trabajo que me corresponde hacer como la persona que soy".

Suena a responsabilidad, organización y constancia.

En todo caso, es sólo cuestión de gustos. Lo verdaderamente importante es la *acción*. La acción es la materialización de los valores personales, la validación del compromiso con los objetivos vitales, la prueba de aceptación de nuestro turno en la partida de ajedrez en la que vamos desarrollando nuestro transcurrir vital.

En un sentido más concreto y práctico, la acción es el remedio de urgencia, la "aspirina" psicológica que nos puede ayudar a salir de una situación de crisis emocional. Si tuviéramos que redactar un prospecto para este remedio psicológico, al describir su mecanismo de acción, incidiríamos en cuatro aspectos principales:

- Ayuda a bloquear el torrente de pensamientos irracionales que causan la mayoría de los desajustes emocionales.
- Favorece el flujo de realismo al situar a la mente en el presente inmediato.
- Contribuye al desarrollo de actitudes optimistas y esperanzadoras al facilitar la planificación de un futuro.

- Desarrolla la autoestima mediante la constatación de la propia capacidad de protagonismo.
- Incrementa las sensaciones de satisfacción que se derivan de los resultados obtenidos tras la realización de actividades concretas.

En esto radica la explicación de la historia de "la camisa del hombre feliz": El rey, a la espera del remedio mágico, no se molestaba en tomar la menor iniciativa; no es sólo que renunciara a asumir las responsabilidades que le correspondían como gobernante sino que, además, había claudicado de cualquier pequeña acción cotidiana: al permanecer postrado, no se preocupaba de su indumentaria –para eso tendría ayudas de cámara–; no salía al jardín para regar una planta, recoger un fruto o enderezar un arbusto –para esos menesteres estaban los jardineros–; de la comida ya se ocuparían los cocineros, y hasta para buscar la camisa mágica que supuestamente podría curarlo contaba con sus leales soldados.

Por su parte, el leñador, el "hombre feliz", estaba dedicado a un trabajo que le ocupaba buena parte del día, disfrutaba del contacto con la naturaleza, se relacionaba con los vecinos a los que entregaba leña y de los que recibía lo que él necesitaba. Hasta los soldados enviados en busca del remedio mágico para curar al rey estaban entregados a una actividad constante: recorrían el país, charlaban con la gente, indagaban, planificaban itinerarios...

Y el remedio mágico, la camisa del hombre feliz, estaba al alcance de cualquiera que hiciera el compromiso de construir su vida recibiendo y aportando, como un elemento activo de la propia vida, integrado en la vida misma, creciendo personalmente al procurar el crecimiento de la vida a su alrededor.

Pero regresando al hipotético prospecto que debería acompañar a la "aspirina psicológica" de la acción, sería necesario concretar unas instrucciones para su aplicación:

- Modo de empleo: Para una eficaz puesta en marcha de la ACCIÓN, es necesario tener en cuenta la situación de partida con arreglo a las siguientes pautas:
  1. Determinar con realismo lo que depende y lo que no depende de uno mismo para centrarse exclusivamente en lo que es posible cambiar.
  2. A continuación, plantearse abundantemente la cuestión: *¿Qué debería hacer ahora?, ¿y ahora?, ¿y ahora?...* No olvidar la necesidad de atender a las tareas rutinarias, las cuestiones domésticas y los pequeños detalles con los demás.
  3. Obtenidas algunas respuestas a las preguntas anteriores, organizar su puesta en marcha, atendiendo a los siguientes criterios:
     a. Establecer las consecuencias a corto y a largo plazo de las posibles acciones que podamos llevar a cabo y dar preferencia a aquellas que puedan producir resultados satisfactorios a más largo plazo, frente a las pequeñas satisfacciones inmediatas.
     b. Comenzar por acciones de una dificultad razonable. En caso de bloqueo grave, centrarse en establecer acciones mínimas
     c. Determinar de qué manera se relaciona cada acción –incluidas las aparentemente triviales o rutinarias– con la propia escala de valores de manera que tenga un carácter significativo (lo lúdico y el descanso, en su justa medida, también son parte importante de la actividad humana).
     d. Ser consciente y disfrutar de la satisfacción que se deriva de la realización de cada tarea.

Veamos todo esto con un poco más de detalle:

Suele decirse que, en esta vida, todo tiene un precio. Cuando queremos obtener algo, tenemos que pagar la factura correspondiente. A veces, somos tan impacientes que nos lanzamos a conseguir aquello que nos deslumbra, sin darnos cuenta de que la vida nos pasará al cobro la factura más adelante y, seguramente con recargo, mientras que, si hacemos el pago por adelantado, luego, podremos disfrutar plenamente de nuestra adquisición.

El ejemplo clásico es el del mal estudiante que malgasta sus años de formación en fiestas y diversiones y, como resultado de su mala preparación, no consigue ningún título profesional viéndose, en consecuencia, obligado a apuntarse al paro o a ir tirando con la angustia de trabajos temporales, mientras que el buen estudiante paga por adelantado –con esfuerzo, dedicación y organización– el precio de su flamante título profesional y puede obtener un empleo bien remunerado y un nivel de vida acomodado.

Esta especie de ley general se aplica también a la superación de los problemas emocionales. Cuando pretendemos evitarnos la angustia de hacer frente a nuestros retos –temor, abulia, desorden, adicciones– y elegimos la aparente satisfacción de evadirnos renunciando a nuestros deberes o dedicándonos a asuntos más placenteros, no sólo no solucionamos nuestro problema, sino que nos creamos otro mayor. En cierto sentido, actuamos como niños que se lanzan a chupar el caramelo sin pararse a pensar en la posible caries que les espera.

Al actuar de esa manera nos inhibimos frente a los desafíos y nos volvemos más vulnerables ante los avatares de la vida y, por lo tanto, menos dueños de nuestro destino. Entonces, la factura que en su momento nos presentará la vida tendrá tantos cargos en contra nuestra que nos resultará cada vez más difícil de liquidar, hasta tal punto que los problemas acumulados hagan que nos veamos superados por la realidad y, a la defensiva, acabemos "refugiándonos" en la jaula que le correspondería al tigre de manera que, en lugar de ser nosotros quienes mantengamos a raya a la fiera, será el tigre el que nos controle a nosotros.

Por elegir el alivio inmediato, estaremos renunciando a nuestra vida.

Por el contrario, si afrontamos los problemas de forma razonable, pero con decisión, conseguiremos acumular un importante capital interno de entereza, confianza e iniciativa que nos permitirá ser los verdaderos autores de nuestra vida.

Desde luego, no es agradable dedicar un fin de semana a preparar un examen; es más divertido salir con los amigos o ver la televisión. Tampoco resulta muy apetecible subir en un ascensor si nos producen angustia los espacios cerrados; pero si por evitar el malestar del viaje hasta un noveno piso dejamos de acudir a la entrevista de trabajo que podría ser el inicio de nuestra vida laboral, entonces nos estaremos creando un problema serio.

No queremos que el tigre nos moleste con sus gruñidos cada vez que se nos plantea un desafío a nuestras rutinas habituales, así que procuramos no hacer nada que lo incomode. Y eso nos produce alivio a corto plazo: disfrutamos del fin de semana de asueto, nos libramos de la angustia del ascensor. Nos hemos comido el caramelo; estaba bueno. La caries no tardará en aparecer.

Permanecemos acomodados en las viejas prácticas nocivas sin darnos cuenta de que, en realidad, estamos bloqueando nuestra propia vida, estamos enrocados en la partida vital y nos resistimos a mover pieza.

A menudo, los hábitos nocivos están tan firmemente arraigados que parece que forman parte de la naturaleza misma, de la personalidad de quien está sometido a ellos. La calificación de "dependiente" describe con dramático realismo la realidad de quienes sienten que les resultaría imposible vivir sin la sustancia, la persona o el objeto que se han convertido en su razón de existir, ya se trate del consumo compulsivo de tabaco, alcohol (incluso bajo el "atenuante" de "consumo social") u otras sustancias, así como de alimentos poco saludables, del uso del teléfono móvil o de la relación con personas tóxicas. La sensación de impotencia que estos individuos llegan a experimentar en el punto de partida puede hacer que les parezca imposible plantearse un cambio radical de vida, por lo que recurren a la única opción que ven viable: ahondar más en su dependencia, con lo que el problema se agrava hasta el infinito.

Por otro lado, están las víctimas de la ansiedad; personas con cuadros depresivos, de agorafobia severa u otros trastornos neuróticos a quienes realizar las actividades cotidianas habituales que lleva a cabo la gente "normal", como hacer la compra, ir al cine, matricularse en un curso o, simplemente, salir de paseo con unos amigos –en definitiva, vivir una vida normalizada– les puede parecer un objetivo inalcanzable.

En cualquier caso, tanto si el punto de partida del viaje hacia el desarrollo personal comienza en un estado de "normalidad mejorable" como en una fase de "neuroticismo agudo", la primera tarea que debemos abordar es la consideración de nuestro punto de partida, así como de la meta que queremos alcanzar:

- ¿Qué ganancias inmediatas estoy obteniendo por mantenerme en la actual situación de bloqueo?
- ¿Y qué pérdidas me está reportando esa misma situación de bloqueo?
- ¿Qué "precio" tendría que pagar por normalizar o mejorar mi vida cuando alcance mis objetivos?
- ¿Y qué ganancias, a largo plazo, podría obtener de una normalización o una mejora de mi vida cuando alcance mis objetivos?

- ¿Cuál es el resultado en la situación de llegada?
- ¿Cuál es el balance final?

Es importante no limitarse a un mero cálculo intelectual con un resultado predeterminado. Todo el mundo aspira a desarrollar una vida plena, consciente y activa. Eso parece obvio. Pero lo deseable es llegar a una conclusión personal a partir de un análisis "emocional" de los detalles concretos tanto de la situación de partida como de la meta deseada:

- ¿Cómo es mi vida en este momento? ¿Qué precio estoy pagando –monetario, de salud, de soledad...– por vivir de esta forma? ¿A qué se parece mi vida en este momento? Etc.
- ¿Qué aspecto tendría "mi casa", cómo sería mi vida, si me tomara la molestia de ordenarla? ¿Qué lugares frecuentaría? ¿Qué actividades podría llevar a cabo? ¿Con qué personas me relacionaría? ¿Qué proyectos desarrollaría si empezara a afrontar mis temores, mi desánimo, mis manías, mis adicciones...?

Se trata de hacer un mapeo lo más detallado y realista posible de los dos extremos del trayecto que nos planteamos recorrer: el punto de partida y el de llegada. Los problemas emocionales, las conductas nocivas, tienen sus "ganancias", a las que es necesario renunciar; no sólo la momentánea eliminación de la ansiedad, sino también muchas otras ganancias secundarias: atención de los demás, renuncia a la propia responsabilidad, evasión de la realidad. Del mismo modo, alcanzar la meta deseada siempre tiene un coste de esfuerzo, perseverancia, aceptación de tropiezos, etc. Por eso debemos tener bien claro que el trayecto a recorrer, la partida de ajedrez que nos disponemos a librar, no va a ser sencilla. Contamos con que "el tigre", aunque sea "de nuestra propiedad" ya que en buena medida nosotros lo hemos criado alimentándolo sistemáticamente, va a redoblar la intensidad de los rugidos antes de que empiecen a notarse los efectos de su debilitación "por falta de uso". Por eso es importante que tengamos en cuenta también algunas herramientas que nos serán de mucha utilidad a lo largo del camino.

Resumen

La *acción* tiene efectos emocionales saludables:

- Bloquea pensamientos desajustados.
- Favorece una actitud realista.
- Desarrolla el optimismo.
- Produce satisfacción.

Para llevar a cabo una acción hay que partir de lo que depende de uno y, luego, preguntarse abundantemente: *¿Qué tendría que hacer ahora? ¿Y ahora?*

Para desarrollar una acción conviene atender a algunas recomendaciones:

- Tener en cuenta las ganancias *a largo plazo* más que la satisfacción o el alivio inmediato.
- Buscar tan sólo conseguir mejoras mínimas pero sostenidas.
- Situar cada acción en nuestra escala de valores.
- Ser conscientes de la satisfacción que produce la realización de cada tarea.

Propuestas de acción

Determinar lo importante. En los talleres de desarrollo personal, de gestión de la propia vida, se suele pedir a los participantes que clasifiquen sus actividades diarias en función de su importancia y su urgencia. De esta manera, se obtienen cuatro categorías de tareas: lo que es, a la vez, urgente e importante; lo urgente pero no importante; lo que no es ni urgente ni importante, y lo que no es urgente pero SÍ importante.

De las dos primeras categorías no nos vamos a ocupar: el propio carácter de urgencia hace que todo se vuelva importante y que tenga que ser atendido, ya sea con una urgencia vital, como ponerse a salvo en caso de incendio o someterse a una intervención quirúrgica (urgente e importante), o bajo amenaza de sanción, como presentar la declaración de la renta en su debido plazo (no tan importante, pero urgente). Son asuntos que hay que despachar; ya sea con urgencia vital o dentro de plazo. Pero hay que atenderlos para evitarse consecuencias no deseables.

En las otras dos categorías (lo que no es ni urgente ni importante, y lo que no es urgente pero SÍ importante) se pueden encasillar la mayoría de las acciones cotidianas que solemos llevar a cabo, tanto para malgastar la vida (en lo que no es ni importante ni urgente) tales como perder el tiempo, ver TV basura, aburrirnos, desarrollar hábitos nocivos, etc., como para darle sentido a la vida (con lo no urgente pero SÍ importante): ocuparnos de la familia, mejorar en nuestro trabajo, desarrollarnos como personas, cuidar nuestra salud, preocuparnos del entorno...

Las acciones a desarrollar en relación a estas dos últimas categorías se resumen en dos propuestas:

- **Reducir** las trivialidades, el ocio vacío, las rutinas insatisfactorias.
- **Aumentar** las actividades relacionadas con proyectos positivos, relaciones, salud, objetivos, desarrollo personal. Aquí también se incluyen actividades de descanso/recuperación y ocio saludable y creativo.

Entonces, la primera propuesta concreta es que te tomes unos minutos para examinar tus actividades en un día normal, clasificarlas en término de urgencia/importancia y, finalmente, decidir qué actividades podrías reducir, cuáles incrementar, de cuáles prescindir y qué otras actividades importantes podrías iniciar. Puedes ayudarte de algún tipo de registro como el que se propone en el ejemplo que viene a continuación.

Actividades no urgentes diarias (se supone que las actividades URGENTES han sido despachadas)	Importante (I) No importante (NI)	Decisión sobre la actividad: Mantener, Reducir, Aumentar, Eliminar, Iniciar
Tomar un café a media mañana con compañeros del trabajo	I	Mantener. Me sirve de descanso y puesta al día
Tomar unas cervezas a la salida del trabajo	NI	Eliminar. Me quita el apetito para comer. Me hace perder tiempo
Ver series de TV	NI	Reducir. Me pueden ayudar a descansar, pero también me hacen malgastar el tiempo que paso en casa
Ir a buscar a los niños a la salida de las actividades de la tarde, algunas veces.	I	Aumentar. Quiero tener una buena relación con mis hijos
Empezar a estudiar inglés	I	Iniciar. Es un propósito de año nuevo y me servirá en el trabajo

Tómate tu tiempo para reflexionar sobre tu vida cotidiana. Selecciona las actividades que deseas cambiar o incorporar y ordénalas por orden de dificultad. Ahora, antes de establecer un plan concreto de acción para mejorar tu rutina diaria, pasa a leer el capítulo siguiente.

8

UN MONTÓN DE RECURSOS

Antes de examinar los recursos que podemos utilizar para hacernos más llevadero el camino, debemos tener muy claro que nuestro objetivo no debería ser alcanzar una "meta". Aunque parezca contradictorio con todo lo que llevamos considerando.

En efecto, una meta supone un término, un punto de llegada, el feliz final de algo. Pero, en definitiva, no es más que un final; un logro efímero en el que no nos podemos quedar porque *la vida nos empuja como un aullido interminable*[1] o, en términos menos dramáticos, porque nos corresponde mover ficha de nuevo. De acuerdo con James Clear (2023), el verdadero objetivo de todo proceso de desarrollo personal no consiste, meramente, en cambiar un resultado sino en *cambiar la propia identidad*. No se trata tanto de conseguir "dejar de fumar" sino de "ser la persona responsable que cuida su salud". No buscamos, simplemente, superar una fobia o aprobar un examen, sino ser la persona animosa y vital que se enfrenta a sus miedos, la que se forma permanentemente.

1. *Palabras para Julia*, de José Agustín Goytisolo. Se trata de un poema popularizado por el cantante Paco Ibáñez.

Nuestro objetivo es dejar de ser "gente corriente" para convertirnos en una persona admirable. Aunque el único fan, la única admiradora que tengamos seamos nosotros mismos.

¿Y cómo podemos cambiar lo que somos? Evidentemente, cambiando lo que hacemos.

Pregunta y respuesta parecen guardar una relación "circular", como si una cosa llevara a la otra, y vuelta a empezar. Sin embargo, hay una sutil diferencia entre "conseguir" y "ser". El ejemplo del atleta nos puede ayudar a aclarar la idea: un atleta "se hace" con entrenamiento, disciplina, constancia, dedicación, esfuerzo, y demás. Y, por supuesto, "consigue" marcas personales; tal vez nunca logre una medalla de oro en las Olimpiadas –aunque esa podría ser su meta ideal–; es más, hasta puede ocurrir que jamás llegue a ganar ninguna competición. Pero no por eso deja de ser atleta. Y lo seguirá siendo cuando, una vez retirado de las competiciones, continúe actuando como tal, aun contando con sus limitaciones y aunque sólo lo sea ya "por su carácter" más que por sus logros.

La acción es la materialización de nuestros valores, la prueba de nuestro compromiso vital, el resultado directo de la aceptación, de nuestro sí a la vida, el movimiento de pieza concreto con el que respondemos ante las demandas de la realidad.

Este despertar del "ser" es semejante a la adquisición de todo aprendizaje: partimos de una *incompetencia inconsciente*: no sabemos que no sabemos y no nos planteamos siquiera que necesitemos aprender alguna cosa; actuamos al azar, erráticamente, y son las circunstancias las que tienen el mando de nuestra vida. En esta fase se encontraría, por ejemplo, la persona alienada o, la neurótica recalcitrante a las que nos referíamos al hablar de "las fases del camino". En un momento dado, podemos darnos cuenta de que hay algo que estamos haciendo mal; sentimos el impulso de cambiar, necesitamos adquirir destrezas y exploramos posibles caminos y recursos. Es la etapa de la *incompetencia consciente* en la que se podría situar la persona "normal" con sus altibajos y sus fases de "insatisfacción creativa" (el estado de incomodidad que nos mueve a tomar alguna iniciativa para salir de ese estado). En la etapa de *competencia consciente* ya tenemos claro el camino que queremos seguir, pero nos faltan habilidades y necesitamos mucha práctica, por lo que tenemos que estar muy atentos a lo que hacemos para no desviarnos de la trayectoria deseada. En esta etapa se sitúa la persona "normal" en fase de aprendizaje, el individuo que se decide a salir de su "zona de comodidad". Por último, en la etapa de *competencia inconsciente* incorporamos todas esas cualidades que hemos estado desarrollando a nuestra manera de ser. Es el estado más propio de las personas "integradas" y las "realizadas", las que forman parte del grupo de las personas "admirables" del que aspiramos a formar parte.

El desarrollo personal sigue un modelo similar: en el momento en que nos damos cuenta de la necesidad de emprender el camino, iniciamos la marcha con unos primeros pasos inseguros, trastabillamos, nos atascamos y el camino se nos hace difícil por lo que buscamos apoyos, guías, para sobrellevar nuestra inseguridad hasta que, por fin, encontramos nuestra brújula –la joya de los valores, la aceptación, el compromiso y la acción– y ya podemos seguir nuestro camino con más soltura, sin pensarlo demasiado, como si lo hubiéramos estado haciendo toda la vida.

Y, entonces, empezamos a darnos cuenta de quién "somos", verdaderamente. Aunque todavía no hayamos alcanzado ninguna meta en concreto. Porque nuestro ser no se define por ningún lugar al que lleguemos, sino que, sencillamente, "somos" caminantes, recolectores de experiencias, de vivencias y de encuentros.

La mala noticia es que, en todo este recorrido, al no existir una meta que marque el final del camino, un punto de destino en el que se nos otorgue la medalla del "ser" que nos hemos ganado, parecería que estuviéramos condenados a esforzarnos sin descanso hasta caer agotados.

La buena noticia es que ese "ser" que pretendemos ya lo tenemos concedido desde los primeros pasos inseguros porque, en realidad, no tenemos que ser campeones sino simples caminantes; por lo tanto, no tenemos prisa.

Si pasamos de las meras teorías metafóricas al plano de las realidades tangibles, lo cierto es que, en cuanto decidirnos iniciar un cambio, desde el primer momento, ya *somos* la persona que está llevando a cabo su propia transformación; lo hacemos desde nuestra vieja identidad, normalmente etiquetada con alguna denominación problemática: *soy* (neurótico, drogodependiente, depresiva, violenta, sumiso...) e iniciamos, con esfuerzo, el camino de la transformación: *estoy dejando de, o controlando,* (el angustiarme por cosas que no son temibles, el consumir sustancias, el ahondar en mi pesimismo, las explosiones de mal genio, el someterme a los demás...) y, mientras vamos recorriendo el camino, nos damos cuenta de que, en realidad, ya *somos;* ya "estamos siendo" esa *persona* (razonable, saludable, animosa, tranquila, asertiva...).

Y para que el camino nos resulte más fácil, contamos con un arsenal de recursos.

Ante todo, contamos con nuestra capacidad de *defusionar* (no responder a nuestra imaginación y a las palabras como si fueran realidades concretas) y de formularnos *preguntas razonables* que nos señalen la salida del túnel:

- *¿Por dónde tendría que empezar para llegar a ser la persona que quiero ser?*
- *¿Cuál es el primer paso que debería dar?*
- *Si doy ese paso, ¿qué resultados podría obtener? ¿Y si no me animo a darlo?*
- *¿Qué otras alternativas tengo?*

- *¿Qué actividades puedo hacer para salir del bloqueo en que me encuentro?*

Además, tenemos control sobre muchos elementos de nuestra situación personal por desfavorable que nos parezca:

En primer lugar, el *entorno.* Sabemos que el comportamiento, en buena medida, está condicionado por los estímulos ambientales. Un entorno desfavorable no nos va a facilitar el desarrollo de una conducta deseable. Por ejemplo, una mesa de trabajo desordenada, más que ayudarnos en nuestra tarea nos va a introducir en un ambiente de desorganización que va a suponer una incómoda interferencia en nuestro quehacer.

Pero el entorno inmediato es una de las cosas que dependen de nosotros. Por lo tanto, puede ser una buena idea comenzar nuestro camino en un punto de partida favorable, en un entorno agradable y motivador.

No se trata sólo de adquirir el hábito de movernos en ambientes *ordenados* donde haya un lugar para cada cosa y cada cosa esté en su lugar, sino que, además, tenemos que procurar que los elementos que vamos a necesitar para nuestra tarea estén *visibles* y sean *accesibles* y, a la inversa, deberíamos *invisibilizar* los recordatorios que nos inviten a iniciar conductas indeseables. Por ejemplo, si una persona desea empezar a controlar sus comidas con el fin de bajar de peso y mejorar su salud y su forma física, lo primero que debería hacer sería organizar su frigorífico y su despensa con los alimentos adecuados, prescindiendo de todos aquellos productos hipercalóricos, así como de la "comida basura" que podría interferir con su propósito. Si hemos decidido empezar a estudiar algo nuevo, podemos disponer nuestro "rincón de estudio" con los libros y apuntes necesarios, etc.

Otra propuesta interesante es *preparar el uniforme de trabajo;* por ejemplo, si hemos programado comenzar a practicar ejercicio con regularidad, la mejor manera de asegurar un buen comienzo será disponer la ropa o la bolsa de deportes y colocarla en un lugar bien visible, de manera que nos sirva de recordatorio de nuestro propósito. También podemos utilizar recordatorios que nos ayuden a tener presente nuestro objetivo (cambiar el reloj de muñeca, llevar una pulsera llamativa, poner notas en el monedero o en lugares determinados de la casa). Pero, trabajemos en lo que trabajemos, siempre podemos arreglarnos –con uniforme o ropa normal– para dar la mejor imagen profesional o de eficacia ante los demás y, sobre todo, ante nosotros mismos.

Otra consideración importante, utilizando la metáfora de la vida como una partida de ajedrez, es el tener presente que en toda partida contamos con muchas piezas. Tal vez, en un momento dado, sintamos que tenemos bloqueada nuestra reina y que no podemos hacer ningún movimiento. Pero aún nos queda la posibilidad de *avanzar con alguna otra pieza* menos "importante"; aunque sólo sea un peón. Por ejemplo, si estamos bloqueados por nuestra fobia a los espacios abiertos o a las aglomeraciones, o si hemos caído hasta el fondo del pozo de nuestra depresión, seguramente no nos sentiremos con fuerzas para salir a la calle, a encontrarnos con la vida. Podemos darnos una "tregua activa", poniendo en juego otras posibilidades menos demandantes: atender a nuestro arreglo personal, ordenar algún rincón de la casa, completar una tarea pendiente, poner en práctica alguna afición, iniciar un curso de acuarela online, preparar una comida tailandesa, redistribuir los muebles del salón...

Además, si nos sentimos atemorizados por las "grandes metas" podemos organizar alguna *jugada masiva,* programando *pequeñas mejoras* en todos los ámbitos que se nos ocurran de nuestra vida; algo así como hacer jugar a distintas piezas por el tablero en lugar de empeñarnos en conseguir una brillante victoria sólo con nuestra reina. Si partimos de una situación de bloqueo importante –por ejemplo, una fobia limitadora o una depresión profunda– puede resultar muy complicado lanzarse de golpe a la conquista de nuestro objetivo. En este caso, podemos desentendernos de "la reina" por una temporada para probar a jugar "partidas simultáneas", centrarnos en promover pequeños cambios en múltiples ámbitos de nuestra vida. Así, en lugar de empeñarnos en ir a afrontar la angustia que siempre nos ha derrotado en esos grandes almacenos llenos de gente, podemos empezar por hacer "calentamientos" llevando a cabo mejoras simultáneas en otros terrenos diferentes: el propio aspecto personal, los detalles del entorno de la casa, el cuidado de nuestra alimentación, la relación con la gente que nos rodea, el interés por la actualidad, mejorar nuestra forma física (aunque sea sin salir de casa, con una bicicleta estática, por ejemplo), etc.

Enseguida comprobaremos que tenemos mucha más capacidad de control de lo que pensábamos; empezamos a *ser* una persona con control. Y esa identificación –"soy una persona que controla"– la podremos conservar en otros terrenos. Y es muy probable que, por la ley de la inercia, una vez que iniciemos un movimiento, el movimiento continúe y llegue a extenderse a otros ámbitos distintos, incluso a los más problemáticos. No por arte de magia, sino porque, en realidad, estaremos accediendo a la vía de una nueva identidad:

"me gustaría ser más activo" → *"estoy haciendo cosas"* →
"en realidad, soy una persona bastante activa" →
"por lo tanto, voy a enfrentarme a…".

Otra estrategia muy recomendable y a nuestro alcance consiste en organizar *acciones mínimas*, como metas parciales, que favorezcan nuestra puesta en marcha. Y, al decir acciones mínimas, me refiero a "microacciones" que podamos llevar a cabo prácticamente sin esfuerzo: levantarse del sillón para acercarse a mirar por la ventana puede ser el inicio de un nuevo comportamiento para alguien con una depresión grave que lo tenga paralizado; bajar hasta el portal de casa podría ser un logro para una persona con agorafobia…

Y después, ¿qué?

Esa es la pregunta que hay que formularse, no como un reproche por la nadería que hemos logrado sino para darle una respuesta realista y continuar en movimiento. Nada de derrotismos como "esto no lleva a ninguna parte", "es una tontería, no sirve para nada", "lo mío es demasiado serio para tomárselo a la ligera".

Esos son rugidos del tigre que nos quiere mantener inmóviles. Pero ya sabemos que el tigre "es nuestro"; somos sus dueños porque nosotros lo hemos estado alimentando. Lo que hay que hacer es dar una respuesta concreta a cada "¿qué?" que se nos presente:

"*Y después, ¿qué?*": Me puedo preparar un café.

"*Y después, ¿qué?*": Voy a revisar la nevera para ver qué necesitaría reponer.

"*Y después, ¿qué?*": Voy a caminar cinco minutos por el pasillo.

"*Y después, ¿qué?*": Puedo ordenar la mesa, que buena falta le hace.

Es cierto, son acciones muy pequeñas, pero si nos decidimos a experimentar el considerable efecto que una pequeña variación de rumbo, sostenida en el tiempo, puede suponer en el destino final, estaremos poniendo en marcha la filosofía que sirve de base a las prácticas Kaizen, el concepto japonés de la "mejora continua", la idea de que pequeños cambios positivos acumulados, con el tiempo, conducen a mejoras significativas. Por otra parte, tampoco es obligatorio partir de niveles tan minimalistas como en los ejemplos propuestos; cada cual sabe dónde situar el punto de partida de su propio camino de desarrollo personal en función de sus circunstancias. En todo caso, lo principal es recordar que:

Lo importante no es conseguir un triunfo.
Lo importante es mantener el juego.

Lo importante no es quedarse quieto a la espera de una "cura"; lo importante es salir al encuentro de la vida y fundirse en ella.

Finalmente, es importante tener en cuenta la *meseta de potencial latente*, el punto en el que el progreso parece estancarse a pesar de los esfuerzos por seguir adelante. Es un fenómeno que se manifiesta de manera muy evidente, por ejemplo, en el aprendizaje de una segunda lengua: el estudiante parece llegar a un punto en el que no consigue aprender nuevo vocabulario, le cuesta asimilar nuevas estructuras del idioma, y llega a plantearse si alguna vez conseguirá un dominio de esa lengua. Pero no se trata sólo de un fenómeno propio de los aprendizajes intelectuales; el efecto meseta se manifiesta en el aprendizaje de cualquier conducta tanto intelectual como manual y, desde luego, antes o después, se ha de presentar en el camino del desarrollo personal. Sentimos que hemos alcanzado un límite en nuestro crecimiento y que ya no nos es posible avanzar más.

La barrera de la meseta de potencial latente se supera con una mezcla de paciencia y constancia. Por lo general, es la señal de un próximo avance considerable; en poco tiempo, el muro se desmorona para permitir el acceso a una fase superior: el estudiante de idiomas empieza a utilizar de una manera natural estructuras complicadas de la lengua que está estudiando, aunque no tenga una soltura total; el agorafóbico empieza a disfrutar de hacer alguna compra en los grandes almacenes en los que tanto trabajo le ha costado entrar, aunque no se haya liberado totalmente de sus aprensiones; el depresivo empieza a tener deseos de integrarse en la vida, aunque aún siga debatiéndose con algunos de sus pensamientos más pesimistas; el procrastinador se da cuenta de que, en realidad, disfruta haciendo las tareas que normalmente aplazaba, aunque aún siga haciéndose el remolón en alguna que otra.

Resumen

Para desarrollar nuevos hábitos de vida tenemos que hacernos conscientes de la necesidad de cambiar. El primer paso será la *determinación de las nuevas habilidades a adquirir*, para centrarnos en la *práctica consciente* de esas conductas (aprendiendo de los éxitos y de los errores) hasta lograr la *incorporación* de esos nuevos aprendizajes a nuestra manera de ser.

Podemos partir de una serie de cuestiones:

- ¿Qué puedo perder si no mejoro mis hábitos?
- ¿Qué puedo ganar si hago el esfuerzo de cambiar?
- ¿Por dónde puedo empezar de la manera más sencilla?
- ¿Cuál sería el primer paso que dar?
- ¿Qué obtendría si lo doy?
- ¿Cómo puedo superar los bloqueos?

Existen muchos recursos que nos pueden facilitar las acciones que nos proponemos llevar a cabo:

- Organizar el entorno para hacer visible y fácilmente accesible aquello que nos pueda facilitar la tarea.
- Ponernos el "uniforme de trabajo" más adecuado para cada tarea o utilizar recordatorios de nuestro propósito.
- Utilizar "treguas activas" concentrándonos en acciones secundarias, menos demandantes que nuestro objetivo central, para ir "cogiendo ritmo". Hay que recordar que no se trata de aguardar por la cura sino de integrarse en la vida.
- Hacer "jugadas masivas", llevando a cabo pequeñas mejoras en distintos ámbitos de vida simultáneamente.
- Contar con el estancamiento de la "meseta de potencial latente" previo al acceso a un nivel más elevado de rendimiento.

El efecto más deseable de la puesta en acción es el aumento de la autoestima por la constatación de que uno ya *"es" una persona capaz de control.*

Propuestas de acción

La acción es fuente de satisfacción. Es un hecho comprobado que muchos animales, como los hámsteres de los laboratorios, o los que se tienen en casa, dedican buena parte de su tiempo a correr en la rueda de actividad. Pero también muchos roedores que viven en la naturaleza corren dando vueltas sin ningún otro motivo que el de hacer ejercicio. Digamos que es su manera de fundirse con la vida.

En el caso de los seres humanos la situación es un poco más compleja. Las personas solemos huir de lo monótono y rutinario y, además, disponemos de una inclinación natural hacia la actividad y el trabajo, sobre todo si se dan algunas condiciones:

- Que la tarea sea adecuada a nuestras habilidades pero que no sea demasiado simple, que suponga un cierto desafío.
- Que el objetivo de la tarea esté bien definido, de manera que se conozcan los pasos que conducen al resultado deseado.
- Que en la ejecución de cada paso tengamos información precisa sobre cómo lo hemos llevado a cabo y lo que debemos hacer en el paso siguiente.

Si se dan estas condiciones, entonces accedemos a un estado de implicación profunda en la tarea hasta el punto de que tenemos la sensación de que el tiempo se detiene y llegamos a olvidarnos de nosotros mismos.

Es un estado que se conoce como "fluir" y fue descrito por el psicólogo Mihalyi Csikszentmihalyi (1997) al estudiar la manera de actuar de artistas, cirujanos, deportistas de élite y de todos aquellos profesionales que se entregan totalmente a su tarea.

El "fluir", por lo tanto, forma parte del estilo propio de las "personas admirables".

Pero ese estado también se puede conseguir cuando, de manera voluntaria, nos concentramos en alguna tarea rutinaria esforzándonos por hacerla de una manera más perfecta o eficaz, más personal o creativa.

Utilizando el ejercicio del capítulo anterior, selecciona alguno de los cambios que quieras emprender en tu vida cotidiana. Puedes comenzar a practicar con algo que no te suponga un esfuerzo demasiado grande (digamos, pasar la fregona por el suelo de la cocina) pero, esta vez, lo vas a programar siguiendo los pasos del "fluir":

- Establece un grado de dificultad algo mayor que en experiencias anteriores (*Voy a dejar el suelo de la cocina como los chorros del oro*).
- Define claramente la tarea (*Voy a pasar cada fila de baldosas y cada baldosa de cada fila. En cada pasada, voy a enjuagar la mopa, escurrirla y asegurarme de no encharcar el suelo*).
- Valora la ejecución de cada paso y programa el paso siguiente (*¿Me he dejado alguna baldosa sin pasar? Voy a comenzar la siguiente fila de derecha a izquierda*).
- Sé consciente de la sensación de maestría y la (pequeña) satisfacción que te produce el cumplimiento de tu programación.
- Terminada la tarea, constata si el tiempo empleado ha sido el que habías previsto o si ha sido más corto o más largo.
- Permítete recargar el concepto de ti mismo con la autovaloración positiva por el trabajo realizado.
- Incorpora este estilo de trabajo a tu repertorio de conductas y proyéctalo hacia nuevas tareas que pienses llevar a cabo.

En general en toda tarea que vayamos a abordar para desarrollar nuevos comportamientos más satisfactorios, es importante comenzar con una buena planificación de lo que nos proponemos hacer, saber lo que queremos conseguir, darnos cuenta del punto en el que nos encontramos respecto a los resultados deseados y... disfrutar de *nuestro trabajo*.

- De modo que lo primero que debes organizar es el *entorno*, de manera que te facilite el acceso a la tarea: ¿necesitarás tener materiales a mano? (escoba, fregona, detergente, ordenador, libros, herramientas...) ¿Cómo los vas a disponer para que te resulten *visibles* y *accesibles*?

- Dispón tu *uniforme de trabajo* si es que vas a hacer una tarea que requiera una indumentaria determinada (deporte, bricolaje, pintura...) o un recordatorio que puedas llevar contigo (alarma en el teléfono móvil, recordatorios en tarjetas –del estilo: *soy una persona organizada*–...) para mantener "vivo" tu propósito hasta que te pongas manos a la obra.
- Planifica las *treguas activas* en caso de fatiga (utilizándolas como descansos) o como actividades de precalentamiento en caso de que todavía no te decidas a plantearte un objetivo complicado: aficiones, hobbies, lectura.
- Alternativamente, organiza *jugadas masivas* para mantenerte sanamente "hiperactivo" alcanzando pequeñas metas (de orden, de aspecto personal, de llamadas o contacto con amigos, mejoras culinarias, adornos caseros, pequeñas labores, lecturas con tiempo razonable programado...).
- Prepárate para cruzar la *meseta de potencial latente*. Puede ser que tu objetivo suponga un viaje más largo de lo deseable, pero siempre podrás salir adelante con paciencia y constancia. Céntrate en tiempos de actividad razonables seguidos de una recompensa estimulante (cambiar a una actividad placentera).
- "Obsesiónate" (sanamente) con hacer. No te limites a jugar a la defensiva, respondiendo a lo que te ofrece la vida. Juega con blancas, sal al ataque, busca situaciones que te supongan *un pequeño reto*. Planifícalas, afróntalas, disfruta de tus victorias o hazte más fuerte con tus pequeños tropiezos. Vuelve a empezar, busca hacerlo mejor, más perfecto...
- Pregúntate continuamente: ¿Por dónde voy a empezar? ¿Cuál va a ser el primer paso que voy a dar? ¿Cuáles son las consecuencias de mantenerme "a salvo" pero inactivo? ¿Qué puedo conseguir si me "arriesgo" a avanzar hacia donde, en realidad, quiero ir? ¿Cómo puedo superar mis bloqueos?
- No tengas prisa. Recuerda que, en realidad, alcanzar la meta no es lo más importante. Lo principal es "ser el que camina"; aunque tengas tropiezos y caídas. Sé consciente de tus logros

por pequeños que sean, felicítate por "ser" la persona decidida que estás siendo. Concédete alguna recompensa.

- No esperes a estar "curado". Sal a "beberte" la vida, aunque sea, de momento, a pequeños tragos.

Comprobarás que sí, que es posible dejar atrás el sentimiento de que estás arrastrando tu "carga" y empezarás a ser consciente de que el desempeño activo y consciente de tus tareas es, en realidad, tu "privilegio".

9

ACTITUDES ADMIRABLES

Está claro que los superhéroes no existen. Y, si existieran, tendrían un aspecto tan estridente que, inmediatamente llamarían la atención y se los podría distinguir fácilmente. La duda se plantea a la hora de identificar a las personas admirables ya que estas no sólo no llevan un uniforme chillón, sino que, además, no suelen mostrarse demasiado entusiasmadas por destacar, por lo que, seguramente, su aspecto será el de cualquier persona normal. Entonces, tanto la señora que vemos haciendo la compra, como el jubilado que da de comer a los pájaros en el parque, el ejecutivo enfrascado en revisar expedientes, o hasta el fontanero ajustando la tuerca, pueden ser personas admirables. Y seguro que, de no serlo a tiempo completo, al menos lo serán a tiempo parcial. Como la mayoría de nosotros.

Entonces, ¿qué es lo que distingue a las personas admirables?

Hasta ahora hemos explorado las dimensiones fundamentales que pueden hacer que a una persona, aunque sea anónima, se la pueda considerar como "admirable": una vida cotidiana asentada sobre sus *valores* personales que se reflejan en la manera en que *acepta* afrontar y se *compromete* a *hacer*, en cada momento, lo que es necesario hacer aún frente a los inevitables obstáculos y dificultades.

Pero, tal vez, a pesar de los ejemplos que hemos visto, de las propuestas concretas que hemos considerado, todo eso se diluya un poco al regresar a la rutina de nuestra vieja normalidad, de manera que los hábitos antiguos vayan atemperando nuestros propósitos de cambio.

Tal vez nosotros no tengamos claros los valores que nos permitan establecer una hoja de ruta específica a seguir para hacernos fuertes a lo largo del recorrido y asegurarnos de ser la persona admirable que nos merecemos ser. Antes, al contrario, los viejos caminos están bien marcados; se recorren sin pensarlo: damos el primer paso y, antes de ser conscientes de la dirección que estamos siguiendo, nuestra vieja "manera de ser" ya nos está conduciendo por donde no desearíamos transitar. Estamos volviendo a recorrer los circuitos de siempre, los de la alienación, los de la neurosis. Los caminos que no decidimos nosotros; los que los rugidos que queremos evitarnos nos obligan a tomar.

Sin embargo, ahí están las personas admirables. No sólo los bomberos o los policías que llegan a arriesgar su vida en el desempeño de su misión, sino también las personas "concretas" de nuestro entorno; tal vez, el vecino que se toma la molestia de estar atento a las necesidades de la comunidad y colabora siempre en la solución de los problemas que se presentan, o el viejo profesor del que, aparte de anécdotas concretas, guardamos el recuerdo de su actitud de entrega, de paciencia y de escucha, o el cartero que no duda en volver a pasarse por nuestro domicilio antes de finalizar su jornada para entregarnos el certificado que, por nuestra ausencia, no había podido dejarnos en su momento, evitándonos así la molestia de tener que ir nosotros a recogerlo a la oficina de correos.

A poco que dejemos de prestarnos atención a nosotros mismos y empecemos a observar con atención lo que ocurre a nuestro alrededor, comenzaremos a descubrir más personas anónimas admirables que se revelan en los pequeños detalles de su "manera de ser" que son los que les confieren esa aura tan especial que es el reflejo de un conjunto de características admirables que, en realidad, todos podemos adoptar.

Cuando resumíamos los parámetros que definen las fases del camino del desarrollo personal hablábamos de anteponer el hacer al sentir y de "trascender el propio yo". Creo que son los ejes que estructuran el estilo, la actitud de las personas admirables que nos pueden servir de modelo proporcionándonos el *manual de estilo* al que ajustarnos en nuestra vida diaria:

Una buena guía que seguir es el estilo *Naikan* que describe detalladamente Gregg Krech (2015) en su obra con ese mismo título, *Naikan*; se trata de una práctica que aborda aspectos filosóficos, terapéuticos y en la que hasta se pueden entrever conexiones con la espiritualidad, por lo que no resulta fácil encasillarla en una categoría única:

Como forma de pensamiento, el Naikan tiene sus raíces en la filosofía budista, especialmente en la idea de interdependencia de todas las cosas y se basa en la convicción de que la reflexión sistemática sobre nuestras acciones y relaciones con los demás puede llevar a una comprensión más profunda de nuestro lugar en el conjunto de la "realidad" y a una vida más significativa.

Como terapia, se ha desarrollado y aplicado en Japón para el abordaje de diversos problemas conductuales y emocionales y se basa en la introspección y la gratitud como herramientas para el crecimiento personal.

Desde el punto de vista espiritual, aunque el Naikan tiene conexiones con la filosofía budista, no es ni forma parte de ninguna religión, aunque la riqueza de valores que aborda puede hacer que algunas personas integren las propuestas Naikan en su práctica religiosa o espiritual personal.

El Naikan fue desarrollado por Yoshimoto Ishin, un budista Jodo Shinshu[1] japonés que, en la década de 1950, tras experimentar una transformación personal a través de su propia práctica introspectiva y, como consecuencia de su propia experiencia, desarrolló una forma de terapia a través del examen profundo de la propia vida para lograr una apreciación más completa de las experiencias vividas y de las relaciones personales.

Es muy posible que las personas admirables que nos pueden servir como referentes jamás hayan tenido noticia del Naikan ni de sus principios, pero, con toda certeza, han desarrollado una actitud muy próxima, si no coincidente, con las ideas de la propuesta japonesa:

Así, en general. Las personas admirables han alcanzado el nivel de "integración" y saben que son lo que son no sólo por sus méritos o esfuerzo personal sino porque forman parte de una comunidad global, una comunidad integrada por personas, seres vivos, y objetos.

Por eso mismo, para recorrer nuestro camino de crecimiento personal, nosotros deberíamos desarrollar la actitud de *agradecer* todo lo que estamos recibiendo, hacer un ejercicio de reconocimiento del apoyo universal que nos está sosteniendo en nuestra andadura vital y, en lo posible, esforzarnos por saldar una parte de la deuda contraída con el universo.

Puede parecer una consideración un poco exagerada, pero si examinamos detenidamente cualquier logro importante –o pequeño– que hayamos alcanzado veremos que no ha sido sólo "nuestro" logro; siempre hemos contado con la asistencia de un equipo muy amplio cuyo apoyo, por nuestra parte, deberíamos reconocer y corresponder:

1. Se trata de una de las principales escuelas de budismo japonés, conocida como *Vía de la Verdadera Práctica de la Tierra Pura*, que enfatiza la gracia y la *compasión*, reconociendo la limitación de los seres humanos y la confianza y entrega a la gracia divina.

Supongamos que hemos conseguido aprobar unas oposiciones. Nos hemos esforzado mucho; hemos dedicado fines de semana enteros a preparar los temas; los hemos subrayado, memorizado, recitado en voz alta. Nos hemos privado de salidas y fiestas durante los largos meses de estudio (sin contar los años de carrera en la escuela o la universidad). Parece que tenemos pleno derecho a considerarnos los verdaderos protagonistas de nuestro éxito.

¿Y quién nos ha aclarado nuestras dudas en los temas más difíciles? ¿Quién nos ha señalado estrategias, nos ha dado directrices y hasta ánimo en los momentos de pesimismo? ¿Hemos tenido un preparador? ¿Un amigo que nos ha ayudado en nuestra preparación? ¿Y quién se ha preocupado de tenernos la comida a punto mientras estábamos enfrascados en el estudio? ¿Quién salía a comprarnos aspirinas cuando se nos levantaba dolor de cabeza después de tantas horas encima de los libros? O, simplemente, ¿quién nos ha pagado los estudios?

Es más: ¿los temas estaban bien redactados, tenían supuestos claros, ejemplos útiles, modelos de examen, etc.? ¿Y quién se tomó la molestia de confeccionarlos?

No somos los solistas de la orquesta. Hay muchas personas que están en sintonía con nosotros, del mismo modo que nosotros estamos interpretando la misma partitura que todas ellas.

Y de todo el conjunto depende que el sonido sea armónico o que suene desafinado.

La actitud Naikan nos invita a realizar un examen profundo de nuestras relaciones vitales para hacernos conscientes de nuestra verdadera dimensión en el universo. Nos situamos frente a cada una de las personas importantes de nuestra vida y, con toda sinceridad, desde una consideración detallada y valiente, sin mezquindad, nos disponemos a realizar un balance pormenorizado de lo que hemos recibido de cada una de esas personas, lo que les hemos dado y los problemas y molestias que hayamos podido causarles a cada una de ellas.

Para ello, se recurre a tres sencillas preguntas:

- ¿Qué he recibido de ______?
- ¿Qué he dado a ______?
- ¿Qué problemas he causado a ______?

Los espacios en blanco se rellenan con el nombre de las personas o, incluso, elementos relevantes de nuestra vida.

Podemos comenzar con una reflexión sobre *las cosas que damos por hechas*. Estamos tan acostumbrados a vivir rodeados de tantas comodidades y servicios que hemos perdido de vista la riqueza y el valor que eso supone. Disponemos de suministro de agua y electricidad, climatización, medios de transporte –propio o colectivo–, facilidades de abastecimiento de todo tipo, y un largo etcétera de medios que nos facilitan la vida, y nos olvidamos de todo lo que se necesita para que funcione cada lámpara de nuestra casa, para que haya verdura fresca en el mercado, para que las calles de nuestra ciudad estén limpias, para que podamos acudir a la farmacia a comprar el medicamento que alivie nuestro dolor de cabeza…

Damos todas esas cosas por hechas, como si tuviéramos pleno derecho a disfrutarlas, como si jamás fueran a agotarse y nuestro suministro de "cotidianeidad" estuviera perpetuamente asegurado.

Hemos transformado lo maravilloso en trivial y ya no somos capaces de apreciarlo. Vivimos tan sumidos en nuestro pequeño "yo" que ya no sabemos apreciar lo que nos rodea.

Y, mientras tanto, las guerras privan a otros seres humanos de esas "pequeñeces" que nosotros no valoramos y la deforestación y la contaminación deterioran nuestra "casa común", y los virus diezman las naciones que carecen de tecnología para elaborar vacunas.

¿Qué he recibido, hoy, de la ropa que me ha servido de abrigo para salir a caminar a pesar del frío, del ordenador que me permite escribir estas palabras, del sol que asomaba entre las nubes...? ¿Y qué cuidados, qué aprecio, he devuelto a esas realidades de mi existencia? ¿El resultado está a mi favor o sigo siendo deudor de todos ellos?

Por otra parte, están las personas de nuestra vida: Las más cercanas, las que forman parte de nuestro contexto vital; pero también las que nos encontramos en otros ámbitos no tan íntimos, pero igualmente significativos: amigos, compañeros de trabajo. O, incluso en círculos aún más distantes: simples "conocidos de vista", camareros, dependientes de comercio, gente con la que nos cruzamos habitualmente; incluso las mascotas que forman una parte importante de nuestra vida emocional

¿Qué recibimos de cada persona de nuestra vida? ¿Qué hemos recibido *hoy*, en concreto?

¿Qué aportamos a cada una de ellas? ¿Qué les hemos dado en el día de *hoy*?

¿Qué problemas o molestias les causamos? ¿De qué manera hemos podido agobiarlas, desairarlas o usarlas descuidadamente a lo largo de *este día*?

Hay algunos hábitos sencillos y cotidianos que nos pueden ayudar a darnos cuentas de las cosas –pequeñas y grandes– que recibimos cada día y a desarrollar una actitud de agradecimiento hacia los demás y hacia la vida en general:

Podemos esforzarnos por habituarnos a *dar las gracias* por los favores o servicios que recibimos y, en correspondencia, procurar hacer favores o servicios a los demás: reconocemos el "regalo" del agua corriente o de la electricidad en nuestra casa; internamente lo apreciamos y hacemos lo posible por no derrocharlo. Nos tienen preparada la comida; damos las gracias abiertamente y, en correspondencia, ponemos la mesa, la recogemos, fregamos. Un compañero de trabajo, una colega, nos ha facilitado una tarea; se lo agradecemos verbalmente y buscamos la ocasión de corresponderles con nuestra propia ayuda o con una actitud de simpatía hacia ellos.

En general, podemos habituarnos a corresponder a lo que recibimos:

- Dando las gracias abiertamente.
- Ofreciendo parte de nuestro tiempo (hacer una visita, acompañar a un enfermo, leer un cuento a los niños, ir a recoger a quien llega de viaje…).
- Devolviendo "en especie" (hacer un regalo hecho por nosotros mismos: un dibujo, un poema, un trabajo manual, una tarta…).
- Dando ejemplo (con nuestra actitud de reconocimiento, de disponibilidad).

Lo más difícil es darnos cuenta de los problemas que causamos a los demás. Por lo general, solemos tener muy claro las molestias que los demás nos ocasionan a nosotros porque tenemos tendencia a mirar a nuestro entorno desde un punto de vista de superioridad y a adoptar actitudes defensivas buscando siempre la responsabilidad de los otros en lugar de reconocer nuestra parte de la culpa. Pero, si estamos dispuestos a desarrollar esa actitud totalmente sincera y desprovista de mezquindad, no deberíamos pasar por alto la ocasión de examinar nuestra tendencia a dejarnos arrastrar por muchas rutinas nocivas adquiridas socialmente tales como:

- Decir verdades a medias.
- Dejar de cumplir las promesas.
- Engañar a alguien (o dejar que siga engañado).
- Escuchar a escondidas.
- Malgastar el tiempo de los demás.
- Etc.

La práctica Naikan se puede llevar a cabo como una tarea diaria habitual, una especie de diario en el que recojamos nuestras reflexiones, al final de la jornada, en torno a las tres preguntas mencionadas: *¿Qué he recibido de...? ¿Qué he dado a...? ¿Qué problemas y molestias he causado a...?*

Pero otra práctica muy recomendable es dedicar algún momento especial (cumpleaños, fiestas navideñas) a realizar un examen más exhaustivo y completo de nuestra relación concreta con una persona determinada de nuestra vida; madre o padre, pareja, hermana o hermano, profesor, amigo... o, aprovechando nuestro propio cumpleaños, a examinar el camino que vamos trazando a lo largo de nuestra vida, teniendo en cuenta a todas las personas, cosas, acontecimientos, encuentros y pérdidas que nos hemos ido encontrando en las diferentes etapas vividas.

Es posible que este trabajo, si lo llevamos a cabo con sinceridad y humildad, nos sitúe en nuestra verdadera dimensión vital y nos facilite la intuición de lo que significa ser una "persona realizada", la que, aunque no haya conseguido grandes logros, no se siente separada de la vida, sino que se sabe un elemento integral de ella; una parte activa y viva de la comunidad humana, de la realidad física e histórica, un pequeño latido del corazón universal.

Resumen

El desarrollo personal tiene lugar en función de dos variables: centrarse en las acciones más que en las sensaciones y trascender el YO, ir más allá de nuestras propia comodidad y conveniencia.

El modelo Naikan puede servir de instrumento para que nos hagamos conscientes de nuestra deuda con la "realidad", a través del hábito de percibir todo lo que recibimos de la vida, lo que aportamos a ella, y los problemas y molestias que ocasionamos.

La estructura de la práctica Naikan se organiza en función de tres sencillas preguntas:

- ¿Qué he recibido de...?
- ¿Qué he dado a...?
- ¿Qué problemas y molestias he causado?

Propuestas de acción

Desarrollar una mentalidad Naikan requiere, en primer lugar, compromiso con el propio desarrollo personal, pero también dedicación sistemática y una cierta estructuración del trabajo a realizar.

Se puede adoptar la reflexión Naikan como una de las pequeñas tareas, que no son urgentes, pero sí importantes, que podríamos programar en nuestra rutina cotidiana, en cuyo caso haríamos bien en proceder de la misma manera que en la incorporación de cualquier actividad nueva: Preparar el entorno, tal vez disponiendo de un cuaderno atractivo para proceder a los registros sistemáticos, organizando un momento y un lugar adecuado –a ser posible, al final de la jornada–, etc.

También podemos plantearnos llevar a cabo la reflexión Naikan como una "tregua activa" en el trabajo o como una "microacción" encaminada a movilizarnos en caso de parálisis vital.

Enfocada como un registro diario, la reflexión Naikan es muy sencilla. Consiste en permanecer tranquilo, en actitud de recogimiento, para reflexionar sobre el desarrollo de la jornada.

A medida que vamos repasando el día, nos detenemos en cada una de las personas con las que nos hemos encontrado, con las que hemos interaccionado (¡o a las que hemos evitado!) y tratamos de responder a la pregunta:

- *¿Qué he recibido de...?* Reflexionamos unos instantes hasta dar con una respuesta positiva; tal vez, simplemente, "un saludo", "una sonrisa", "amabilidad", "buen servicio", "sensación de simpatía"... Aunque, por supuesto, puede que también hayamos recibido cosas más importantes: ayuda en una tarea, un buen consejo.

  En caso de encuentro con una persona "difícil", alguien con quien no simpatizamos, es posible que la tarea se vuelva más complicada porque el ejercicio consiste en centrarse en lo positivo. En este caso, tenemos que pasar por encima de nuestro posible sentimiento inicial de hostilidad hacia esa persona y reconocer lo que haya podido aportarnos de positivo; tal vez, simplemente, la oportunidad de enfrentarnos a nuestros sentimientos negativos hacia ella pudiendo, así, avanzar un paso en nuestro camino de desarrollo personal.

- *¿Qué le he dado a...?* La segunda reflexión nos da la oportunidad de vernos a nosotros mismos en un esfuerzo de objetividad. No somos los protagonistas de la vida, somos tan sólo actores que colaboramos con otros actores que tienen un papel tan importante como el nuestro. Así, examinamos nuestro encuentro con cada uno de los personajes anteriores y procuramos especificar lo que ellos pueden haber recibido de nosotros en ese encuentro o, si no somos capaces de señalar nada en concreto, podemos ampliar la reflexión a lo que podemos darles en un próximo encuentro: un saludo amable, un comentario interesándonos por algo de ellos, un gesto indicativo de que los apreciamos...

- *¿Qué problemas o molestias he causado a...?* Al repasar las situaciones de la jornada debemos afrontar nuestro lado menos amable, más egoísta. Es necesario ver nuestra parte negativa para avanzar realmente en nuestro camino de desarrollo.

  Lo fácil es culpar a los otros, a la vida, a las circunstancias, de nuestros fallos y errores, pero es más difícil reconocer cuándo somos nosotros "causa" del malestar, del sufrimiento, de los demás. Para realizar correctamente esta parte de la tarea es necesario sobreponerse al propio egoísmo, a las autojustificaciones, para vernos cómo somos en realidad.

  El balance final entre lo que hemos recibido por una parte y lo que hemos dado más los problemas causados por otra, nos dan la medida de la deuda diaria que tenemos con la vida. No para ahondar en nuestra culpabilidad, sino para darnos un motivo para convertirnos en aportadores más activos al flujo de la vida.

Además de las personas con las que nos encontramos cada día, también podemos tener en cuenta lo que recibimos-damos-molestamos a la naturaleza, los animales y las cosas.

Además, podemos llevar a cabo sesiones especiales de Naikan centrándonos en nuestra relación con una persona en concreto que sea significativa en nuestra vida, o en una ocasión especial en la que hayan participado muchas personas. La reflexión Naikan es una herramienta flexible que, con algo de práctica podemos utilizar en muchas situaciones vitales y que nos sirve para ir más allá de nosotros mismos, nos ayuda a plantearnos nuestros problemas desde una perspectiva más amplia y nos invita a formularnos la pregunta: *¿Qué es lo que necesitaría hacer?*

10

LA ETAPA REINA

Este capítulo de cierre es una referencia a la etapa reina del transcurrir biológico. Se plantean algunas consideraciones para vivir en esta etapa con plenitud y sentido. Pero conviene tener en cuenta que los hábitos que nos permitirán alcanzar ese objetivo no se adquieren tan sólo con cumplir años. Es necesario cultivar esas actitudes a lo largo de todo el trayecto.

Por eso, los objetivos de vida que se proponen en este capítulo deben servir de referencia a tener en cuenta a lo largo de todas las etapas de la vida. Así, esta última sección se puede tomar como una reflexión anticipada del punto de destino al que llegaremos en función de que cómo vayamos orientando nuestro caminar.

* * *

Es posible que nuestra sociedad actual esté contaminada de edadismo. La sabiduría de los "viejos" ha quedado arrinconada por el empuje de los jóvenes; las personas mayores, dicen, no tienen ("¡no tenemos!") la rapidez de reflejos necesaria para adaptarse a los cambios vertiginosos de la sociedad: las nuevas tecnologías, la informatización generalizada, los dispositivos móviles, y ahora, la inteligencia artificial. ¿Dónde quedan los cuentos de la abuela? ¿Quién es, ahora, el depositario de las tradiciones?

Así descrito, suena a un panorama sombrío para los mayores; como si las últimas etapas del camino hubieran de transcurrir entre soledad y sombras. ¿De veras puede resultar tan triste el hacerse mayor?

Bueno, no dejan de ser palabras, conceptos, abstracciones, ejercicios de ilusionismo mental. Pero, ahora, ya sabemos defusionar las palabras, dejándolas en meros sonidos desprovistos de significado, para contemplar, sin prejuicios, la "realidad".

Y la realidad es que las últimas etapas de la vida, ciertamente, pueden ser el punto cumbre del camino, el destino en el que se materialice la plenitud personal y el verdadero sentido del propio caminar. Según el ya mencionado Viktor Frankl, aun cuando el camino haya sido tortuoso, gris o hasta equivocado, la vida, en su punto de llegada, ofrece la oportunidad de realizar el valor supremo de aceptación.

Cierto, también son palabras. Pero cada cual tiene la libertad de elegir su propio discurso, así como las consecuencias no sólo emocionales sino, como veremos a continuación, también vitales; la atmósfera en la que va a transcurrir la última etapa del camino.

Recordaremos, de nuevo, que aceptación no es sinónimo de resignación sino de entereza para la acción.

En el año 2002 se inició un amplio programa de investigación sobre el envejecimiento en el Reino Unido, el *English Longitudinal Study of Ageing*[1] (ELSA), con el propósito de entender el complejo proceso de envejecimiento y la relación entre las circunstancias económicas y familiares, la conducta, la participación social y la salud y

1. HCAP | English Longitudinal Study of Aging (ELSA) (elsa-project.ac.uk).

el bienestar de las personas mayores. El estudio consistía en el seguimiento de un amplio grupo de personas, con evaluaciones cada dos años, para determinar la calidad de su proceso de envejecimiento en relación con los factores ambientales y personales considerados. La documentación sobre los resultados obtenidos es muy abundante y se puede consultar en la página web reseñada.

Uno de los principales investigadores a cargo de este programa, Andrew Steptoe, un estudioso de la influencia de los factores psicosociales sobre el organismo ha señalado cómo el estrés mental afecta a las citoquinas inflamatorias y a los factores homeostáticos y ha comprobado que las tasas de recuperación tras el estrés, según las correspondientes mediciones biológicas, difieren entre los diferentes grupos de riesgo psicosocial.

Steptoe concluye que las experiencias de vida influyen en el riesgo de enfermedad y sus investigaciones se centran sobre los determinantes de un estilo de vida saludable, la relación entre la depresión y la salud física y la relación entre la salud mental y la actividad física.

Refiriéndose a los resultados del estudio ELSA en relación con el desarrollo de un estilo de vida más saludable por parte de la gente mayor, el doctor Steptoe, en una intervención en el programa de la BBC "Just One Thing"[2] señala algunas conclusiones interesantes respecto a una manera saludable de hacerse mayor. Estas son algunas de sus recomendaciones:

Encontrar un propósito de vida. Es importante mantener la sensación de que se está haciendo algo que merece la pena, tener un propósito y darle un significado a la vida. En esta etapa, los hijos ya han crecido y estarán trazando su propio camino; la época de las responsabilidades y proyectos laborales ha quedado atrás con

2. Se trata del programa Just One Thing with Michael Mosley emitido el 27 de diciembre de 2023: Just One Thing – with Michael Mosley – Stay Young Special – with Prof Andrew Steptoe – BBC Sounds.

la jubilación, pero sigue siendo importante mantener un sentido de misión en la vida.

Y este sentido se puede encontrar en el desarrollo de otras actividades como el voluntariado o el cuidado de otras personas con incapacidad o dificultades para el desenvolvimiento diario. Pero las actividades de carácter altruista no son las únicas que pueden aportar ese sentido de misión en la vida. También la implicación en proyectos personales como la jardinería, la dedicación a los propios hobbies o el desarrollo de objetivos de mejora personal, como desarrollar alguna habilidad (tocar un instrumento musical, pintar) así como el interés por la cultura, leer y las relaciones con la familia y parientes pueden ser recursos valiosos para este fin. En otras palabras, "hacer" sigue siendo importante cuando uno se vuelve mayor.

Mejorar las relaciones sociales, mantener un contacto estrecho con la familia y los amigos. El doctor Steptoe ha comprobado la estrecha relación que tiene este factor con la mejoría del tono emocional y la disminución del riesgo de sufrir problemas de salud física o depresión. No se trata de mera teoría o de conclusiones basadas sólo en el sentido común. Existe una investigación detallada sobre el papel de las citoquinas (una especie de mensajeros intercelulares en el sistema inmune) para regular diversas respuestas biológicas como la inflamación, la diferenciación celular o la movilización de las células del sistema inmunológico. Según Steptoe, las personas con un sentido de misión y una red estable de relaciones sociales consiguen que su reloj biológico vaya más lento respecto al posible desarrollo de los principales problemas asociados a la edad tales como diabetes, problemas cardíacos, cáncer o debilidad general. Por el contrario, las personas que se mantienen socialmente aisladas o que tienen tendencia a la soledad, tienen una mayor probabilidad de sufrir problemas de salud, así como una mortalidad más temprana que las que son más activas y están más implicadas socialmente.

Contar con una amplia red social es importante. No se trata tanto de empezar a buscar pareja en una fase avanzada de la vida sino, más bien, de implicarse con otras personas en actividades de voluntariado o en centros sociales donde se puedan desarrollar distintas actividades. En nuestras ciudades existen centros cívicos que desarrollan todo tipo de programas orientados a la tercera edad; asimismo, fundaciones relacionadas con entidades privadas, como bancos, ofertan una amplia variedad de opciones para mantenerse activos física, mental y socialmente, desde actividades musicales, a movimiento corporal (pilates, baile, gimnasia de mantenimiento), pasando por fotografía o pintura, clubes de lectura y hasta escritura de la propia biografía o la posibilidad de compartir con las generaciones más jóvenes experiencias vitales como la emigración o la vida escolar en tiempos pasados.

Todo un abanico de posibilidades para reducir la sensación de aislamiento y mantener el contacto con un equipo estable de camaradas y colaboradores.

Dormir para mantener una buena salud. La calidad del sueño se relaciona con la regeneración de las células nerviosas y con una buena salud general. Sin embargo, con la edad, el tiempo de sueño nocturno se puede ver reducido. Es frecuente dormir en tramos, con períodos de vigilia en medio. El doctor Steptoe también desmitifica algunas creencias sobre el sueño; por ejemplo, la "necesidad" de dormir ocho horas cada noche. En relación con el descanso nocturno, habría que distinguir entre el tiempo de sueño y la calidad de este. Hay personas con "sueño corto" que duermen menos de seis horas pero que no experimentan por ello ningún tipo de interferencias durante el día.

Parece ser que antes de la revolución industrial y la imposición de los turnos de trabajo, lo normal era dormir en dos tramos, con un período de vigilia en medio. De hecho, en los monasterios, el rezo de "maitines" tenía lugar a medianoche, lo que parece concordar con el modo de dormir en tramos que solía tener la gente en la edad media.

Asimismo, en algunos de los diálogos de las obras de Shakespeare se hace alusión a este estilo de sueño en dos tramos.

Para una persona jubilada no debería suponer un problema el hecho de despertarse por la noche y tardar en retomar el sueño de nuevo. En todo caso, el mayor aliado del insomnio es la ansiedad, y la angustia que produce dar vueltas a la idea de que "no puedo dormir; me voy a enfermar" es, con seguridad, la garantía de una noche revuelta.

En el caso de períodos de insomnio puede ser recomendable llevar a cabo alguna actividad distractora, como leer. Pero también puede dar resultado el permanecer tranquilo, procurar relajarse y permitir que en nuestra mente haya un solo pensamiento: "no voy a pensar en nada".

Aunque cueste creerlo, este método suele hacer que "el tigre" de la ansiedad por insomnio se quede dormido.

El propio doctor Steptoe confiesa que suele despertarse sobre las 3 a.m. cada noche –lo cual me ha supuesto un notable alivio ya que yo mismo experimento ese mismo ritmo circadiano cada noche–, lo que no le genera ningún problema, y afirma que "es más fácil hablar de tener una buena noche que conseguir tenerla".

Por lo tanto, es bueno procurar dormir bien; pero este tema no tiene que convertirse en un motivo de desasosiego nocturno.

Ignorar los estereotipos sociales sobre el envejecimiento; es decir, los tópicos sobre la torpeza o el deterioro de las funciones mentales de las personas mayores, la falta de reflejos, etc.

Hoy en día, la vejez es una etapa mucho más saludable que en el pasado y la capacidad de mantenerse activo y emprender cosas nuevas se mantiene intacta. Tener 70 años en la actualidad equivale a unos 50 de hace treinta o cuarenta años y todavía es tiempo de mantener un estilo de vida saludable y mantenerse físicamente activo practicando sistemáticamente ejercicios de flexibilidad, fuerza y acondicionamiento cardiovascular. Sin embargo, mucha gente de 70 años cree que ya no merece la pena esforzarse por mejorar su calidad de vida; no quieren "tomarse la molestia" y se rinden a "los estragos del tiempo".

En todo caso, no se debe olvidar que uno es tan viejo como se considera. Y no está nada mal demostrarse a sí mismo que el proceso de envejecimiento no es tan rápido como los demás quieren atribuirle.

Un aspecto muy importante a tener en cuenta para poder disfrutar plenamente de esta enriquecedora etapa de la vida es el apartado de la *alimentación* ya que, junto con el ejercicio físico moderado, constituyen la base de una buena salud y de una adecuada vitalidad cuando nos hacemos mayores.

En esta etapa vital los cambios físicos son inevitables. Según el tipo de vida que hayamos llevado, podemos encontrarnos con que perdemos masa muscular o que las grasas se acumulan de una manera no deseada. Además, el apetito disminuye, el sentido del gusto se atrofia y la sensación de sed casi desaparece, todo lo cual induce a descuidar la alimentación y la hidratación corporal. Por eso es muy importante no bajar la guardia del autocuidado en esta fase vital y reeducarse para volver a disfrutar de los placeres culinarios con sensatez y disciplina.

En general, respecto a la comida, es importante aumentar el consumo de proteína para compensar la pérdida de masa muscular, así como hidratarse abundantemente (se recomienda ingerir alrededor de dos litros de líquido al día) y consumir aceite de oliva virgen extra.

Recientemente, la Comunidad de Madrid ha publicado una "Guía de orientación nutricional para personas mayores" que es muy completa y útil y que se puede consultar en la página web de la Comunidad de Madrid: https://www.madrid.org/bvirtual/BVCM009420.pdf.

Actividades culturales. Pero la salud integral no estaría completa si, además de un cuerpo sano, no nos implicamos en mantener una mente en forma. La implicación en actividades culturales es una muestra de interés por el mundo y por la vida. La asistencia a conciertos, visita de exposiciones o galerías de arte tiene una función muy importante como elemento de socialización y de conexión con el mundo. Ya hemos indicado que el camino del desarrollo personal se articula en torno a dos ejes principales: anteponer al "hacer" al "sentir" y una dimensión de "trascendencia" que lleva a ir más allá del propio yo. Pues las actividades culturales pueden cubrir ambas áreas. Por una parte, la actividad cultural supone siempre un "hacer"; como mínimo, en cuanto se refiere a la búsqueda activa de información, lecturas, referencias. Aun cuando la dedicación a la cultura, al arte, sea meramente receptiva, siempre debería contar con un elemento de documentación: quién es el autor de la novela que estamos leyendo; cómo es o ha sido la vida del pintor cuyo cuadro estamos contemplando o del compositor cuya música estamos escuchando. Además, tanto la contemplación, la recepción de una obra de arte, como su creación facilita, lo mismo que cualquier obra manual o intelectual, el salir de uno mismo, el ir más allá de los propios condicionantes físicos o temporales para dejar un testimonio tangible, por humilde que sea, de la propia presencia en el mundo.

Sin perder de vista que, en un terreno más concreto, la implicación en actividades de tipo cultural tiene un importante elemento de socialización, así como de actividad física –hay que desplazarse al lugar de la conferencia, a la sala de exposiciones o al teatro donde tiene lugar el concierto– y es, asimismo, un importante marcador de implicación social.

Por lo tanto, las recomendaciones a tener en cuenta en la etapa reina de la vida no son muy diferentes de las que se podrían dar en las demás etapas del camino vital:

- Mantener el compromiso con los propósitos personales; afirmarse en los propios valores personales y buscar una razón para seguir adelante, aceptando las dificultades.
- Potenciar el propio sentido de vitalidad y contribuir al enriquecimiento de la vida de los demás.
- Ignorar los tópicos y estereotipos. Son meras palabras, etiquetas vacías que sólo pueden afectarte si las alimentas como a otros tantos tigres que se volverán contra ti.
- Mantenerse conectado con la familia y los amigos.
- Participar en actividades culturales. Como receptor o, mejor aún, como creador.

* * *

No creo que exista tal cosa como un "destino" que, a veces, nos envía mensajes sutiles para guiarnos en nuestro camino. Pero lo que sí me encuentro, de vez en cuando, son "sincronicidades significativas" (así me gusta interpretarlas) que son una especie de señales que parecen marcarme parte del trayecto.

Al momento de emprender la redacción de estas últimas líneas, me ha "coincidido" ver en un canal de televisión, *NYAD,* una película sobre la nadadora de larga distancia Diana Nyad que, con 64 años, y después de treinta años de haber abandonado la natación de fondo para convertirse en periodista y escritora, cumplió su sueño de cruzar a nado el estrecho de Florida, desde La Habana a Cayo Hueso (Key West) siendo, hasta el momento actual, la única persona en el mundo que ha conseguido realizar esta hazaña. La película describe los cinco dramáticos intentos de la nadadora, entre corrientes, tiburones y tempestades, hasta conseguir, finalmente, su objetivo de pisar la tierra firme de Florida.

Pero lo más interesante de la película son las "tres cosas" que Diana Nyad, tambaleante tras el esfuerzo realizado durante 53 horas, quiso transmitir a la multitud congregada para recibirla, y a todos nosotros:

- *No hay que rendirse jamás.*
- *Nunca se es demasiado mayor para iniciar algo.*
- *Puede parecer un logro solitario, pero es el trabajo de un equipo.*

Las palabras de una persona realmente admirable.

Muchas gracias por tus consejos, Diana Nyat.

Me has ahorrado el trabajo de redactar una sesuda reflexión final para este manual.

11

BREVE MENTE

Las ideas que apunto a continuación me han ido llegando mientras revisaba las páginas anteriores. Las aporto como una especie de resumen final, como un prontuario breve para consultas rápidas. Añade tus propias ideas, y continúa añadiendo y añadiendo...

En Marcha

- Soy yo. Con mis problemas y mis defectos. Quiero ser un mejor "Yo" –con sus problemas y sus defectos–, no un imposible aséptico "otro".
- Reflexiono sobre el PASADO, fantaseo sobre el FUTURO: Me siento infeliz, frustrado, impotente. Me sumerjo en el AHORA: ¿Qué tendría que hacer ahora? Me pongo manos a la pequeña obra y, de pronto, soy Yo, satisfecho de estar viviendo activamente mi vida en este momento.
- ¿Para quién puedo ser un punto de referencia?
- ¿Para quién quiero ser un modelo de vida?
- ¿Cómo lo puedo conseguir, justo en *este* momento?

- ¿Dónde me encontraba ayer respecto a este mismo problema? ¿Qué variación puedo probar hoy?
- ¿Qué esperan de mí?
- ¿Qué espero yo de mí mismo?
- ¿A quién decido complacer?
- Mi programación mental está infectada de prejuicios. Mi tarea de este momento: eliminar uno de mis virus mentales.
- Está bien rogar por la concordia, por la paz y la fraternidad. Está mejor rogar para ser un agente de concordia, de serenidad y de amor:

  ¿Cómo puedo ejercer mi papel de pacificador en este conflicto, en esta discusión, en este embotellamiento de tráfico?
- ¿A qué héroe estoy esperando? ¿Cuánto tiempo hace que espero a que venga a salvarme? Si algún día me rescata, ¿qué precio tendré que pagarle?

  ¿Y si hago el esfuerzo de convertirme en mi propio héroe?
- ¿Cuáles son las personas reales que, para ti, son verdaderamente admirables? Piensa en una. Sólo en una:

  ¿Qué es lo que admiras de esa persona?

  ¿Tienes tú esa característica, aunque sea en dosis muy pequeñas?

  ¿Qué podrías hacer para desarrollar en ti esa misma cualidad?
- Tienes un hueco en tu quehacer diario. Espera: no lo malgastes con series de TV ni con actividades vacías. Haz una lista de las personas que han dejado una huella positiva en tu vida: maestros, amigos, familiares, vecinos, conocidos o, incluso, desconocidos.

Esas personas forman parte de tu historia. Te están señalando algo que, tal vez, te sirva en este momento vacío o en otro momento, más adelante.

Reflexiona sobre la enseñanza que te han legado.

La Camisa del Hombre Feliz

- Me siento confuso, perdido, desanimado. Busco en mi armario. No tengo camisa. Abro mi "almario" y me pregunto:

  ¿De qué valor voy a revestirme?

  ¿A qué me compromete el actualizar ese valor?

  ¿Qué tengo que aceptar para ponerme en marcha?

  ¿Qué voy a hacer, en concreto, en esta situación de caos para tomar el mando?

- ¿Es el "destino" o es mi "dejadez"?

  Busco en mi armario y no tengo camisa. Aun así, a pecho descubierto, puedo dar un paso, sólo uno, y ya estaré creándome un destino diferente.

- "Protagonismo" es la palabra mágica, el talismán, la "cura" de la angustia vital. Somos actores principales, no meros espectadores de nuestra propia vida.

- Yo, nosotros, vida. Tres palabras distintas para una realidad única.

Valores

- Elige siempre el camino mejor, aunque parezca más difícil. La costumbre lo hará pronto agradable. – Pitágoras.

- Los valores que reconozco en los demás son los que ya poseo o los que me gustaría adoptar. Debemos estar atentos.

- La importancia de ser fiel a ti mismo implica que tus valores pueden cambiar con el tiempo y que es natural que evolucionen conforme aprendes y creces.
- No hay que sacrificar nunca tres cosas: la familia, el corazón y la dignidad. –Paulo Coelho.

Metáforas de Aceptación

- La felicidad es nuestra obra de arte: requiere atención, trabajo, retoques, rectificaciones… y una pizca de insatisfacción. La felicidad es una obra continua.
- Reflexionamos: Los recuerdos nos pesan, los proyectos nos angustian. Sufrimos sin vivirlo realmente.
- Actuamos: Nos centramos en el detalle del presente, comprobamos el resultado de lo que hacemos. Vivimos la satisfacción del momento.
- Lo más difícil de aceptar: la incertidumbre. Y, sin embargo, hay que hacer a ciegas buena parte del camino.
- Casillas blancas y negras: el logro de un éxito exige el peaje del esfuerzo.
- Evitamos afrontamientos para librarnos de la angustia. Con cada renuncia nuestra angustia crece. ¿Hasta cuándo seguiremos renunciando a hacer frente a lo que nos angustia?
- Aceptamos un reto y fortalecemos nuestra entereza. Muchos desafíos pequeños nos dan una fuerza de voluntad inquebrantable.
- La felicidad es la suma de momentos felices que sólo podemos calcular cuando paramos el vivir para reflexionar sobre lo vivido. Acción y reflexión son las dos caras de la vida.

Limpiando las Gafas

- Hoy te has visto en el espejo.

  ¿Con qué gafas?

  ¿A quién has visto?

  ¿A quién hubieras preferido ver?

  Prueba a cambiarte los lentes:

  ¿A quién quieres ver ahora?
- Piensa que, pienses lo que pienses, puedes estar equivocado.
- Cualquier opinión, cualquier punto de vista, se puede considerar siempre desde distintos enfoques. A la hora de considerar tu vida, sé creativo.
- Nadie es una foto fija. Ninguna historia se limita a un único acontecimiento. Maneja el zoom mental: amplía o reduce tu perspectiva.

Ser (razonablemente) Irracionales

- Mucho "ruido" en nuestra mente, "pocas nueces" en la realidad.
- No hay nada bueno ni malo; es nuestro pensamiento el que lo hace parecer así –W. Shakespeare.
- Ni temerosos ni temerarios: racionalmente proactivos y creativos.
- Ideas asimiladas: por inoculación, por contagio, por infiltración.
- Ideas propias: refinadas por reflexión y contraste con la realidad.

- "Defusionarse": Salir de la propia mente, al encuentro con la vida.
- "Defusionarse": Seguir adelante, tolerando la incomodidad del ruido de la mente, como quien camina transportando una mochila pesada, una prenda ajustada o unos zapatos estrechos.
- Me irrito porque digo que algo "es" una molestia. Cuando yo ya no esté, ese "algo" seguirá ahí; pero ni la molestia, ni yo (¡!) seguiremos estando. La molestia se habrá ido conmigo.
- La condición para la aventura es el riesgo; la condición para el logro, la constancia; la condición para la perfección, el esfuerzo. Arriesguémonos constantemente a asumir el esfuerzo.

Acción

- Me levanto cada día para cumplir las tareas que me corresponden por ser la persona que soy.
- Yo, mis acciones, mi vida. Yo me hago en lo que hago.
- Vivir: Satisfacción de aportar, gratitud de recibir.
- Esto que estoy haciendo, ¿al servicio de qué está?
- Sensación de plenitud: He limpiado el baño, ordenado la casa, y, ahora, voy a hacer la compra para cuidar de los míos. La conquista del Everest puede esperar.

Un Montón de Recursos

- El pájaro vuela sin cuestionarse su capacidad; el pez surca las aguas sin poner en duda su pericia; el caballo galopa sin cronometrar su velocidad. Los seres humanos necesitamos tener dudas sobre nosotros mismos para descubrir todo nuestro potencial.

- La meta es el camino. Sólo hay que caminar: un paso –sólo uno–, luego otro –sólo ese–, y otro más... Sólo uno cada vez.
- Es imposible no decidir: Decidir "no decidir" es, también una decisión. Decide sensatamente.
- En la "partida de ajedrez" de la vida es importante jugar con "blancas", abrir el juego, tomar la iniciativa, planificar movimientos, salir "al ataque".
- He sufrido un traspiés; he tenido una caída. Pero sigo caminando.
- Las dificultades de la vida: ¿Mi carga o mi privilegio?

Actitudes Admirables

- Hacer lo que hay que hacer más allá de la desgana o la molestia; pensar en el "nosotros" más que en el "yo". Eso es lo admirable.
- Solistas o integrantes anónimos del coro. Entre todos damos forma a la melodía. No desafinemos afanándonos en sobresalir.
- No somos los dueños de nuestros talentos; sólo los administradores en bien de los demás. Hagamos un buen trabajo con ellos.
- La reflexión Naikan –lo que recibo, lo que aporto, los problemas y molestias que ocasiono– es más dura que el limitarse a vaciar la mente y respirar, sin comprometerse a nada.
- ¿A qué me comprometo en el día de hoy? ¿A qué me comprometo ahora? ¿Y ahora? ¿Y ahora?...

- Lo maravilloso de lo trivial: el interruptor que activa la luz, el bolígrafo con el que escribo el borrador de estas notas, la taza de café humeante que me invita a reflexionar, durante un sorbo, lo que anotaré a continuación, la lluvia tibia de la ducha que me ha abierto la mañana... Etc.

- "Yo no causo molestias". Pero el simple hecho de existir implica competir por el espacio, los recursos y los servicios con nuestros convivientes. Seamos colaboradores antes que competidores.

- Hoy me he encontrado con un antiguo conocido:

  ¿Cómo me ha enriquecido el encuentro? ¿Qué he recibido de mi amigo? ¿Simpatía, afecto, la invitación a un café, la oportunidad de reanudar la relación?

  ¿Qué le he aportado a mi amigo? ¿He sabido escucharlo? ¿Me he interesado por sus proyectos, sus logros y sus problemas? ¿Lo he invitado a algo? ¿Le he ofrecido la posibilidad de nuevos encuentros?

  ¿Qué molestias le he causado a mi amigo? ¿Lo abrumé con mi cháchara, mis problemas, mis éxitos y mis proyectos? ¿He hablado de mí más de la cuenta?

  ¿Cómo queda mi balance entre recibir y dar?

  ¿Qué puedo aprender de esta reflexión? ¿Qué conclusiones saco de todo esto? ¿Qué propósitos de mejora? ¿Qué nueva actitud a desarrollar?

- La persona "realizada" es un elemento integral de la vida, una parte activa y viva de la comunidad humana, un pequeño latido del corazón universal.

La Etapa Reina

- Puedo lo que puedo y siempre puedo ACEPTAR que no puedo.
- Plenitud: vivir hacia adelante, desde la aceptación, sin la exigencia de una productividad competitiva, sin la presión de un éxito clamoroso, sin la necesidad de demostrar nada. Sólo vivir.
- La placidez de sentirse parte integrante de la vida.
- La serenidad de vivir el tiempo presente.
- La sabiduría de comprender que no soy mis logros (ni mis fracasos), sólo mi actitud en la vida de la que formo parte.
- Cualquier etapa puede ser la Etapa Reina.

BIBLIOGRAFÍA

Bandler, Richard y Grinder, John (2002). *La estructura de la magia.* Cuatro Vientos, Buenos Aires.

Clear, James (2023). *Hábitos Atómicos.* Diana, Barcelona.

Csikszentmihalyi, Mihalyi (1997). *Fluir. Una psicología de la felicidad.* Kairós, Barcelona.

Ellis, Albert y Harper, Robert A. (1975). *A New Guide to Rational Living.* Wilshire Book Company, Ca, USA. (Traducción Española (2017). *Una nueva guía para una vida racional.* Obelisco, Barcelona).

Frankl, Victor (2015, 3ª edición). *El hombre en busca de sentido.* Herder, Barcelona.

Gendlin, Eugne (1982). *Focusing.* Bantam Books, New York.

Hayes, Steven, con Smith, Spencer (2013). *Sal de tu mente, entra en tu vida.* Desclée De Brouwer, Bilbao.

Hayes, Steven y Strosahl, Kelly G. (2014). *Terapia de Aceptación y Compromiso. Proceso y práctica del cambio consciente.* DDB, Bilbao.

Korzybski, Alfred (1994). *Science and Sanity. An Introduction to Non-Aristotelian Systems and General Semantics.* Institute of General Semantics, Englewood, New Jersey, USA.

Krech Gregg (2015). *Naikan.* Mensajero. Bilbao.

Maslow, Abraham (1993). *El hombre autorrealizado.* Kairós, Barcelona.

Reynolds, David K. (1984). *Constructive Living.* A Kolowalu Book. University of Hawaii Press.

Watzlawick, Paul (2013, 2ª edición). *El arte de amargarse la vida.* Herder, Barcelona.

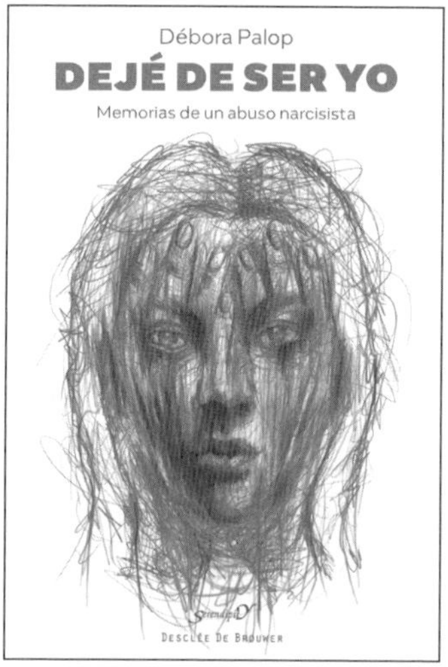

Colección: Serendipity
ISBN: 978-84-330-3275-1
Páginas: 160
Encuadernación: Rústica con solapas
Formato: 14 x 21 cm
Edición: 1ª

Débora Palop

Dejé de ser yo

Memorias de un abuso narcisista

Dejé de ser yo. Memorias de un abuso narcisista, recoge una historia real sobre narcisismo perverso en la actualidad. El libro plasma, en un ejercicio de reflexión e investigación en torno a la psicología y a la psiquiatría, el paso a paso de una relación abusiva y de violencia psicológica extrema. Este es un ensayo con tintes de manual, que a través de la palabra guiará a los profesionales de la salud mental y a las víctimas.

Débora Palop es la periodista y escritora que vivió este relato en primera persona, muestra de que es posible salir de un vínculo con un perverso narcisista, un psicópata, un sociópata, en definitiva, un maltratador. Así, este documento ayudará a identificar las señales de alerta, consiguiendo que las personas que se encuentren en una relación tóxica se vean reflejadas en los distintos episodios y puedan poner un punto y final con ayuda de terapeutas y personas de su entorno.

Con un lenguaje ameno y sencillo, Débora Palop recoge su descenso a los infiernos con el único objetivo de llegar a un público lo más amplio posible y así evitar y zanjar situaciones de malos tratos psicológicos.

Colección: Serendipity
ISBN: 978-84-330-3266-9
Páginas: 192
Encuadernación: Rústica con solapas
Formato: 14 x 21 cm
Edición: 1ª

William J. Knaus · Alex Korb · Patricia J. Robinson Lisa M. Schab · Kirk D. Strosahl

Kit de herramientas para la depresión

Alivio rápido para mejorar el estado de ánimo, aumentar la motivación y sentirse mejor ahora

Si sufres de depresión o de un bajo estado de ánimo, sabes lo que es sentirse completamente abrumado por todo. Las tareas diarias pueden parecer retos insuperables, y tu motivación cae por los suelos. A medida que empeoran tus síntomas, también lo hace tu sensación de aislamiento, y puede que incluso evites las cosas que solían alegrarte. Lo que necesitas son herramientas rápidas que te ayuden a liberarte de este círculo vicioso y a sentirte mejor en este preciso momento.

Esta guía de uso fácil, escrita por un equipo de expertos en salud mental, ofrece habilidades basadas en pruebas y fundamentadas en el mindfulness, la Terapia de Aceptación y Compromiso (ACT), la Terapia Cognitivo-Conductual (TCC) y la activación conductual para ayudarte a mejorar rápidamente tu estado de ánimo, desatascarte de los sentimientos difíciles y manejar tus síntomas antes de que se acumulen y se apoderen de ti.

Si quieres ir un paso por delante de tu depresión, coge este libro y las herramientas que contiene. El alivio está a solo unas páginas de distancia.

Este kit de herramientas incluye consejos y estrategias para:

- Dejar atrás los pensamientos negativos.
- Motivarte.
- Redescubrir la esperanza.
- Desarrollar hábitos saludables.

Colección: Serendipity
ISBN: 978-84-330-3259-1
Páginas: 224
Encuadernación: Rústica con solapas
Formato: 14 x 21 cm
Edición: 1ª

Jesús Vega

Yo tampoco puedo con todo

Una guía para cuidarme y priorizar mi salud mental

Vivimos en una sociedad que nos hace interiorizar la idea de que no somos personas valiosas si no tenemos un trabajo estable y somos altamente productivos en él, si no tenemos una pareja e hijos, y una casa con una hipoteca infinita. La sociedad no deja de imponernos cosas, nunca parece ser suficiente, y si no cumplimos con sus expectativas nos podemos llegar a sentir fracasados y defectuosos.

Sin embargo, parece que a esa misma sociedad no le interesa en absoluto nuestra salud mental. La cantidad de psicólogos en el sistema público de salud es irrisoria, y el número de personas que se suicidan no para de crecer, así como los problemas psicológicos.

Si estás cansado de soportar tanta presión por parte de la sociedad, tanta precariedad en el mundo laboral, tanta toxicidad en tus relaciones, mientras te dejas siempre para lo último, en este libro te invito a dar un golpe sobre la mesa y a comenzar a priorizarte a ti y a tu salud mental.

Si no puedes con todo, no pasa nada. Yo tampoco puedo con todo, ¿y qué?

Colección: Serendipity
ISBN: 978-84-330-3237-9
Páginas: 184
Encuadernación: Rústica con solapas
Formato: 14 x 21 cm
Edición: 1ª

Magda Barceló Fort

Da vida a tus sueños

12 caminos para crecer y despertar

Jorge se siente al borde del colapso: tiene un trabajo en el que no le reconocen y una relación cada vez más difícil con su hijo adolescente.

Julia se ha quedado descolocada después de la maternidad y no sabe hacia dónde ir.

Después de una exitosa carrera profesional, Mireia ya no quiere seguir trabajando igual. Sin embargo, nada de lo que pone en marcha termina por funcionar.

Marc tiene treinta y pocos y quiere iniciar una nueva etapa en su vida, tanto en lo personal como en lo profesional, pero su entorno no le entiende.

Tras perder a su mujer de forma súbita, Javier no consigue encontrar de nuevo su lugar en el mundo.

A través de doce historias reales de personas que han vivido un proceso de coaching, la autora desgrana con elocuencia y generosidad doce lecciones clave que como humanos necesitamos aprender para crecer y conseguir despertar a nuestra propia naturaleza.

Además de ser una introducción inspiradora y accesible al mundo del crecimiento personal, Da vida a tus sueños ofrece prácticas, ejemplos y preguntas esenciales para evolucionar como personas a la vez que manifestamos nuestros mayores anhelos.

Serendipity

DIRECTORA: OLGA CASTANYER

ÚLTIMOS TÍTULOS PUBLICADOS

150. *Vida emocionalmente inteligente. Estrategias para incrementar el coeficiente emocional.* GEETU BHARWANEY
151. *Cicatrices del corazón. Tras una pérdida significativa.* ROSA Mª MARTÍNEZ GONZÁLEZ (2ª ed.)
152. *Ojos que sí ven. "Soy bipolar" (Diez entrevistas).* ANA GONZÁLEZ ISASI - ANÍBAL C. MALVAR
153. *Reconcíliate con tu infancia. Cómo curar antiguas heridas.* ULRIKE DAHM (2ª ed.)
154. *Los trastornos de la alimentación. Guía práctica para cuidar de un ser querido.* JANET TREASURE - GRÁINNE SMITH - ANNA CRANE (4ª ed.)
155. *Bullying entre adultos. Agresores y víctimas.* PETER RANDALL
156. *Cómo ganarse a las personas. El arte de hacer contactos.* BERND GÖRNER
157. *Vencer a los enemigos del sueño. Guía práctica para conseguir dormir como siempre habíamos soñado.* CHARLES MORIN
158. *Ganar perdiendo. Los procesos de duelo y las experiencias de pérdida: Muerte - Divorcio - Migración.* MIGDYRAI MARTÍN REYES
159. *El arte de la terapia. Reflexiones sobre la sanación para terapeutas principiantes y veteranos.* PETER BOURQUIN (2ª ed.)
160. *El viaje al ahora. Una guía sencilla para llevar la atención plena a nuestro día a día.* JORGE BARRACA MAIRAL (2ª ed.)
161. *Cómo envejecer con dignidad y aprovechamiento.* IGNACIO BERCIANO
162. *Cuando un ser querido es bipolar. Ayuda y apoyo para usted y su pareja.* CYNTHIA G. LAST
163. *Todo lo que sucede importa. Cómo orientar en el laberinto de los sentimientos.* FERNANDO ALBERCA DE CASTRO (2ª ed.)
164. *De cuentos y aliados. El cuento terapéutico.* MARIANA FIKSLER
165. *Soluciones para una vida sexual sana. Maneras sencillas de abordar y resolver los problemas sexuales cotidianos.* DRA. JANET HALL
166. *Encontrar las mejores soluciones mediante Focusing. A la escucha de lo sentido en el cuerpo.* BERNADETTE LAMBOY
167. *Estrésese menos y viva más. Cómo la terapia de aceptación y compromiso puede ayudarle a vivir una vida productiva y equilibrada.* RICHARD BLONNA
168. *Cómo superar el tabaco, el alcohol y las drogas.* MIGUEL DEL NOGAL TOMÉ
169. *La comunicación humana: una ventana abierta.* CARLOS ALEMANY BRIZ
170. *Aprender de la ansiedad. La sabiduría de las emociones.* PEDRO MORENO (5ª ed.)
171. *Comida para las emociones. Neuroalimentación para que el cerebro se sienta bien.* SANDI KRSTINIĆ
172. *Cuidar al enfermo. Migajas de psicología.* LUCIANO SANDRIN
173. *Yo te manejo, tú me manejas. El poder de las relaciones cotidianas.* PABLO POBLACIÓN
174. *Crisis, crecimiento y despertar. Claves y recursos para crecer en consciencia.* ENRIQUE MARTÍNEZ LOZANO (4ª ed.)
175. *Cuaderno de trabajo para el tratamiento corpomental del trastorno de estrés postraumático (TEPT). Programa para curar en 10 semanas las secuelas del trauma.* STANLEY BLOCK, doctor en medicina y CAROLYN BRYANT BLOCK
176. *El joven homosexual. Cómo comprenderle y ayudarle.* JOSÉ IGNACIO BAILE AYENSA
177. *Sal de tu mente, entra en tu vida. La nueva Terapia de Aceptación y Compromiso.* STEVEN C.. HAYES
178. *Palabras caballo. Fuerza vital para el día a día.* JUAN-MIGUEL FERNÁNDEZ-BALBOA (2ª ed.)
179. *Fibromialgia, el reto se supera. Evidencias, experiencias y medios para el afrontamiento.* BRUNO MOIOLI (2ª ed.)
180. *Diseña tu vida. Atrévete a cambiar.* DIANA SÁNCHEZ GONZÁLEZ Y MAR MEJÍAS GÓMEZ (2ª ed.)
181. *Aprender psicología desde el cine.* JOSÉ ANTONIO MOLINA Y MIGUEL DEL NOGAL (2ª ed.)

182. *Un día de terapia. Radiografía de las emociones.* Rafael Romero Rico
183. *No lo dejes para mañana. Guía para superar la postergación.* Pamela S. Wiegartz, Ph.D. y Levin L. Gyoerkoe, Psy.D.
184. *Yo decido. La tecnología con alma.* José Luis Bimbela Pedrola (3ª ed.)
185. *Aplicaciones de la asertividad.* Olga Castanyer (5ª ed.)
186. *Manual práctico para el tratamiento de la timidez y la ansiedad social. Técnicas demostradas para la superación gradual del miedo.* Martin M. Antony, PH.D y Richard P. Swinson, MD. (2ª ed.)
187. *A las alfombras felices no les gusta volar. Un libro de (~~auto~~) ayuda... a los demás.* Javier Vidal-Quadras
188. *Gastronomía para aprender a ser feliz. PsiCocina socioafectiva.* Antonio Rodríguez Hernández
189. *Guía clínica de comunicación en oncología. Estrategias para mantener una buena relación durante la trayectoria de la enfermedad.* Juan José Valverde, Mamen Gómez Colldefors y Agustín Navarrete Montoya
190. *Ponga un psiquiatra en su vida. Manual para mejorar la salud mental en tiempos de crisis.* José Carlos Fuertes Rocañín
191. *La magia de la PNL al descubierto.* Byron Lewis
192. *Tunea tus emociones.* José Manuel Montero
193. *La fuerza que tú llevas dentro. Diálogos clínicos.* Antonio S. Gómez
194. *El origen de la infelicidad.* Reyes Adorna Castro
195. *El sentido de la vida es una vida con sentido. La resiliencia.* Rocío Rivero López
196. *Focusing desde el corazón y hacia el corazón. Una guía para la transformación personal.* Edgardo Riveros Aedos
197. *Programa Somne. Terapia psicológica integral para el insomnio: guía para el terapeuta y el paciente.* Ana María González Pinto • Carlos Javier Egea • Sara Barbeito (Coords.)
198. *Poesía terapéutica. 194 ejercicios para hacer un poema cada día.* Reyes Adorna Castro y Jaime Covarsí Carbonero
199. *Abre tu consciencia.* José Antonio González Suárez y David González Pujana (2ª ed.)
200. *Ya no tengo el alma en pena.* Rosse Macpherson
201. *Ahora que he decidido luchar con esperanza. Guía para vencer el apetito.* José Luis López Morales, Enrique Javier Garcés De Los Fayos Ruiz
202. *El juego de la vida Mediterránea.* Mauro García Toro
203. *16 Ideas para vivir de manera plena. Experiencias y reflexiones de un médico de familia.* Daniel Francisco Serrano Collantes
204. *Transformación emocional. Un viaje a través de la escritura terapéutica.* Noelia Mendive
205. *Acompañar en el duelo. De la ausencia de significado al significado de la ausencia.* Manuel Nevado, José González (2ª ed.)
206. *Quiero aprender... a conocerme.* Olga Cañizares, Domingo Delgado (2ª ed.)
207. *Quiero aprender cómo funciona mi cerebro emocional.* Iván Ballesteros (2ª ed.)
208. *Remonta tu vuelo. Más allá de la fibromialgia hacia una nueva vida.* F. Gallastegui (2ª ed.)
209. *Vivir con el trastorno límite de la personalidad. Una guía clínica para pacientes.* Álvaro Frías Ibáñez (2ª ed.)
210. *Quiero aprender a quererme con asertividad.* Olga Castanyer (3ª ed.)
211. *Póker a la dieta. El juego para alcanzar tu peso ideal y mantenerlo de una forma natural y sencilla.* Federica Trombetta
212. *Recupera tu autonomía y bienestar personal.* José Antonio González Suárez
213. *¿A qué he venido yo aquí? Guía para comprender y mejorar la memoria.* Laura Vera Patier

214. *Quiero aprender... a ser más eficiente en el trabajo.* YOLANDA CAÑIZARES GIL
215. *Vivir con una persona con Trastorno Límite de la Personalidad. Una guía clínica para familiares y allegados.* ÁLVARO FRÍAS IBÁÑEZ (EDITOR) (4ª ed.)
216. *La preocupación inútil.* LAURA VERA PATIER (2ª ed.)
217. *Esto de ser humano. Contemplando la luz a través de la herida.* B. RODRÍGUEZ VEGA (2ª ed.)
218. *La felicidad: qué ayuda y qué no. Psicología para entendernos.* L. MARTÍN BORGES
219. *Alteraciones de la identidad en personas con Trastorno Límite de la Personalidad. Una guía clínica para una psicoterapia colaborativa entre paciente y profesional.* ÁLVARO FRÍAS (ED.)
220. *Disfruta en escena. Y olvida tus miedos.* ELENA MARTÍN CALVO
221. *Mente plena, corazón contento. Un programa de Mindfulness y Regulación Emocional.* GONZALO PEREYRA SÁEZ
222. *Quiero aprender... a gestionar mi estrés.* ELENA MENDOZA - CARMEN CASTRO (2ª ed.)
223. *Mi único sí. Aprendizajes de un cáncer.* ANA CARDONA
224. *Altamente capaces (y divergentes).* RAFAEL PARDO FERNÁNDEZ - LUZ GONZÁLEZ RUBIN
225. *Las 7 tareas espirituales del duelo.* JOSÉ CARLOS BERMEJO (2ª ed.)
226. *Otromundo. Descubrirlo, vivirlo, comprenderlo. Una guía de viaje al mundo de las personas con demencia.* ERICH SCHÜTZENDORF - JÜRGEN DATUM
227. *Reactívate. Menos medicamento y más movimiento.* ANTONIO JESÚS CASIMIRO ANDÚJAR - JOSÉ ANTONIO SANDE MARTÍNEZ (2ª ed.)
228. *Meditación y creación literaria. Aprende a vivir y a escribir mejor.* PILAR BLANCO
229. *Me cuesta estar bien.* ROCÍO RIVERO
230. *Cuaderno de trabajo para el cambio de hábitos. Cómo romper hábitos negativos e instalar hábitos positivos.* JAMES CLAIBORN / CHERRY PEDRICK
231. *¿Tengo un trauma corporal? Herramientas somáticas para sentirte seguro con tu cuerpo.* ERIKA SHERSHUN
232. *Conoce tu ansiedad y aprende a gestionarla. Una visión integradora de la ansiedad.* PUBLIO VÁZQUEZ
233. *Psicología positiva: aprende a ser feliz con la ciencia del bienestar.* IAGO TAIBO
234. *La mesa de la vida. Manual contra el sufrimiento y la desesperanza.* E. GALINDO BONILLA
235. *La asertividad por dentro y por fuera.* OLGA CASTANYER - ELENA VILLAR
236. *Dinámicas de grupos. Aprende a convivir, trabajar y dirigir grupos.* J. GARCÍA FORCADA
237. *Cuaderno de trabajo para la ira basado en la Terapia de Aceptación y Compromiso (ACT). Gestionar nuestras emociones y recuperar nuestra vida.* MANUELA O'CONNELL - ROBYN WALSER
238. *Da vida a tus sueños. 12 caminos para crecer y despertar.* MAGDA BARCELÓ
239. *Bondad práctica y radical. Yo conmigo Yo contigo Nosotros y Nosotras.* J. L. BIMBELA
240. *Sanar la ansiedad. Técnicas de respiración consciente y desarrollo personal para transformar la ansiedad en la vida que deseas.* IVÁN SÁNCHEZ
241. *Yo tampoco puedo con todo. Una guía para cuidarme y priorizar mi salud mental.* JESÚS VEGA
242. *La escritura que cura. Manual de escritura expresiva para no profesionales.* LUCÍA ETXEBARRIA
243. *Liberémonos del narcisismo.* MARIBEL RODRÍGUEZ
244. *Cuaderno de trabajo para el trastorno de ansiedad generalizada. Actividades de TCC para controlar la ansiedad, enfrentarse a la incertidumbre y superar el estrés.* DR. LAWRENCE E. SHAPIRO
245. *Kit de herramientas para la depresión. Alivio rápido para mejorar el estado de ánimo, aumentar la motivación y sentirse mejor ahora.* WILLIAM J. KNAUS, EDD - ALEX KORB, PHD - PATRICIA J. ROBINSON, PHD - LISA M. SCHAB, LCSW - KIRK D. STROSAHL, PHD

246. *Dejé de ser yo. Memorias de un abuso narcisista.* DÉBORA PALOP
247. *Superheroes personas admirables y gente corriente. Pequeña guía para un vivir equilibrado y buena salud mental.* RAMIRO J. ÁLVAREZ

Serie MAIOR

54. *Habilidades esenciales del counseling. Guía práctica y de aplicación.* S. MAGNUSON y K. NOREM
55. *Río, luego existo. Guía completa para curiosos, talleristas y dinamizadores de grupo. Risoterapia integrativa.* M. ROSA PARÉS Y JOSÉ MANUEL TORRES
56. *Fuerzas que sanan. Constelaciones sistémicas sobre enfermedad y salud.* PETER BOURQUIN (ED.)
57. *Herramientas de coaching: una aplicación práctica.* PACO YUSTE PAUSA
58. *Ilusión positiva. Una herramienta casi mágica para construir tu vida.* LECINA FERNÁNDEZ
59. *Cuando nada tiene sentido. Reflexiones sobre el suicidio desde la logoterapia.* ALEJANDRO ROCAMORA BONILLA (2ª ed.)
60. *Apego y psicopatología: la ansiedad y su origen. Conceptualización y tratamiento de las patologías relacionadas con la ansiedad desde una perspectiva integradora.* MANUEL HERNÁNDEZ PACHECO (8ª ed.)
61. *Trauma y presencia.* PETER BOURQUIN (Ed.)
62. *Personas altamente sensibles. Claves psicológicas y espirituales.* RAFAEL PARDO (2ª ed.)
63. *El eneagrama, el origen. Libro de consulta.* MACARENA MORENO-TORRES
64. *¿Por qué la gente a la que quiero me hace daño? Neurobiología, apego y emociones.* MANUEL HERNÁNDEZ PACHECO (3ª ed.)
65. *El corazón de la sexualidad. La revolución de los afectos.* ALBERTO MENA GODOY
66. *Manual para dominar los pensamientos ansiosos. Habilidades para superar los pensamientos intrusivos no deseados que nos llevan a la ansiedad, las obsesiones y la depresión.* DAVID A. CLARK
67. *Manual de Gestión emocional para médicos y profesionales de la salud. Transformar la vulnerabilidad en recursos.* BELÉN JIMÉNEZ GÓMEZ (2ª ed.)
68. *Psicología transpersonal para la vida cotidiana. Claves y recursos.* E. MARTÍNEZ LOZANO
69. *Viaje a tu cerebro. El arte de transformar tu mente.* ROSA CASAFONT I VILAR (2ª ed.)
70. *Apego, disociación y trauma. Trabajo práctico con el modelo PARCUVE.* MANUEL HERNÁNDEZ PACHECO (5ª ed.)
71. *Cuaderno de trabajo de los pensamientos negativos. Habilidades de la TCC para superar la preocupación, la vergüenza y la rumiación repetitivas que impulsan a la ansiedad y la depresión.* DAVID A. CLARK, PHD
72. *¿Quién soy? De la disociación a la integración.* PETER BOURQUIN / M. SALVADOR (3ª ed.)
73. *Las obsesiones y el trastorno obsesivo-compulsivo. Una adicción al pensamiento. Entenderlos y superarlos con el modelo PARCUVE* MANUEL HERNÁNDEZ PACHECO (2ª ed.)
74. *Gestalt en la práctica. Propuestas y ejercicios.* ÁNGELES MARTÍN GONZÁLEZ Y CARLOS MATESANZ PIMENTEL (2ª ed.)
75. *Orientación psicológica ante el duelo por un suicidio.* DANIEL OLMOS
76. *Cómo retener los recuerdos. Sensojuegos terapéuticos para estimular la fijación de la memoria y la retención de los recuerdos en el Alzheimer y otras patologías.* CARLES BAYOD
77. *Aprendiendo a habitarnos. Un modelo de intervención psicoterapéutica con personas con historia de trauma.* PEPA HORNO GOICOECHEA (2ª ed.)
78. *Violencia vicaria. Golpear donde más duele.* SONIA VACCARO
79. *Reconocer y superar las relaciones tóxicas y la dependencia emocional. El apego adulto y el modelo PARCUVE.* MANUEL HERNÁNDEZ PACHECO (2ª ed.)
80. *La psicóloga en casa. Las posibilidades de la intervención psicológica en el domicilio de las personas.* NATALIA ZAIRA PEDRAJAS SANZ - Ilustraciones de BELÉN BRIGIDO
81. *El origen emocional de nuestros comportamientos. Los Sistemas Emocionales Primarios.* CARLOS LÓPEZ-OBRERO CARMONA